辽宁省哲学社会科学规划基金项目：
俄语语言世界图景中的文化密码"память"（L17BYY005）

俄语语言世界图景中的观念场
"ПАМЯТЬ"

梁洪琦　著

长春出版社
国家一级出版社
全国百佳图书出版单位

图书在版编目(CIP)数据

俄语语言世界图景中的观念场"ПАМЯТЬ" / 梁洪琦著. —长春：长春出版社, 2021.8
ISBN 978-7-5445-6420-5

Ⅰ.①俄… Ⅱ.①梁… Ⅲ.①俄语–文化语言学–研究 Ⅳ.①H35

中国版本图书馆 CIP 数据核字(2021)第 132698 号

俄语语言世界图景中的观念场"ПАМЯТЬ"

著　　者：梁洪琦
责任编辑：孙振波
封面设计：宁荣刚

出版发行：长春出版社		总编室电话：0431-88563443	
编辑室电话：0431-88561184		发行部电话：0431-88561180	

地　　址：吉林省长春市长春大街309号
邮　　编：130041
网　　址：www.cccbs.net
制　　版：荣辉图文
印　　刷：三河市华东印刷有限公司
经　　销：新华书店
开　　本：710毫米×1000毫米　1/16
字　　数：175千字
印　　张：10.5
版　　次：2021年8月第1版
印　　次：2021年8月第1次印刷
定　　价：42.00元

版权所有　　盗版必究
如有印装质量问题，请与印厂联系调换　　　　印厂电话：13933936006

前　言

一、本书的理论基础与研究方法

（一）理论基础

本书的理论基础有："语言相对论"假说、"人类中心论"范式、"语言世界图景"理论、"观念"理论、"观念场"理论、"语言个性"理论。鉴于本书正文中将详细论述，下面我们依次仅做出简要介绍。

"语言相对论"假说：该假说又被称为"萨丕尔—沃尔夫假说"（гипотеза Сепира-Уорфа），它假设了语言与思维方式之间的关系，认为语言决定其承载者的思维类型。该假说具有"强"版与"弱"版之分。

"人类中心论"范式：该范式为语言学研究提供了一种提出问题与解决问题的新角度。人类中心论表现在"分析某些现象时人成了被阐释的中心"[1]，研究者的兴趣从认识的客体转换为认识的主体。

"语言世界图景"理论：该理论源自洪堡特提出的"每一种语言都包含着一种独特的世界观"[2]的理论假设，是人认识客观世界的结果，是固定在语言中人世界知识的总和。

无论是观念，还是观念场都离不开观念化的过程。观念化是"在人脑中对其周围世界、对存在于其中的客体、行为、状态及它们间联系与关系反映出不同看法"[3]的过程。

---

[1] Кубрякова Е. С. Эволюция лингвистических идей во второй половине XX века（опыт парадигмального анализа）[M] // Чурилина Л. Н. Актуальные проблемы современной лингвистики. М.：Флинта・Наука，2009：55.

[2] 赵爱国. 语言文化学论纲[M]. 哈尔滨：黑龙江人民出版社，2006：77.

[3] Залевская А. А. Введение в психолингвистику：учебник[M]. М.：Российский государственный гуманитарный университет，1999：31—42.

俄语语言世界图景中的观念场 "ПАМЯТЬ"

"观念":观念作为语言文化学的重要范畴之一,形成于20世纪90年代后期,得到了俄罗斯与国内学界的高度关注。观念具有跨学科性。从语言文化学角度来说,观念是"文化在人意识中的凝结"[①];从认知语言学角度来说,"观念是心智构成物,它是保存在人记忆中的被认识到的定型的重要经验片段"[②]。观念是世界图景的构成要素,自身具有一定的结构。

"观念场":据А.Ю.Ключевская的理解,观念场包括了核心观念的所有联想联系(如派生词等),所有同义、反义联系,也就是说,观念场是语义上相互联系的成素总和,这些成素受语言外因素决定,且在现实片段的共时与历时中显现。观念场是固定在世界图景语言单位中的内容范畴。它是一个体系性的结构,并作为独特的片段进入语言世界图景中。[③] 观念场是存在于民族观念域中相互联系的一组观念。

"语言个性"理论:1987年Ю.Н.Караулов出版的专著《Русский язык и языковая личность》(《俄语与语言个性》)为语言个性理论的奠基之作。В.В.Красных认为语言个性是"具有一定知识与认识总和的个性,该个性在言语行为中表现出来"[④]。赵爱国教授总结指出:"语言个性理论研究的实质,就是对'大写的人'的研究。"[⑤]我们认为,篇章研究在对"大写的人"的研究范围之内,即属于对"语言中的人"及"人说的语言"的研究,所以有理由认为,分析文学篇章中的"观念场"是确定作者语言个性的有效途径。

(二)研究方法

本书中所使用研究方法有:观念分析法、观念场研究方法。

---

① Степанов Ю. С. Константы. Словарь русской культуры. Опыт исследования [M]. М. :Школа《Языки русской культуры》,1997:40.

② Карасик В. И., Прохвачева О. Г., Зубкова Я. В., Грабарова Э. В. Иная ментальность [M]. М. :Гнозис,2005:8.

③ Ключевская А. Ю. Концептуальное поле《агрессия》как объект лингвистического исследования [J]. Известия Российского государственного педагогического университета им. А. И. Герцена,2011(131):179.

④ Красных В. В. Виртуальная реальность или реальная виртуальность [M]. М. :Диалог-МГУ,1998:17.

⑤ 赵爱国.语言文化学论纲[M].哈尔滨:黑龙江人民出版社,2006:110.

"观念"分析法：对"作为语言文化学研究对象的观念"和对"作为认知语言学研究的观念"进行研究时采用不同的研究方法。前者是将观念作为文化单位、文化的凝结，面向某一民族或社会团体；而后者是将观念作为意识中的心智结构，而意识的主体是个体。认知观念与文化观念相辅相成，通过认知观念可以了解文化观念，文化观念又是认知观念的大背景与基石。

"观念场"研究方法：随着场性研究方法在语言学中的广泛运用，语言学研究中的场性研究方法也给予了看待观念问题的新视角，即将相互联系的一组观念进行整合研究。根据语义分析、联想关系、使用频率、鲜明度等特征，观念场的结构分为：核心、中心区域、近外围区域、远外围区域。

本书综合使用了语言文化学与认知语言学的研究方法，既分析了研究对象的文化特征，也分析了其认知特点。

二、本书的研究对象

首先，本书的主要研究对象为俄语语言世界图景中的观念场"ПАМЯТЬ"。本书将使用"观念场"的研究方法（而非对某个"观念"的孤立分析），根据语义分析、联想关系、使用频率、鲜明程度等因素，确定观念场"ПАМЯТЬ"的结构（内核、中心区域成员、近外围区域成员以及远外围区域成员）。

其次，本书的研究对象还有俄罗斯文学作品中的观念场"ПАМЯТЬ"与语言个性，以及俄罗斯语言意识中观念场"ПАМЯТЬ"的独特性。

最后，在观念场"ПАМЯТЬ"的研究成果基础上，对"记忆空间"进行假设：提出"记忆空间"存在的可能性以及对"记忆空间"进行划分。

三、本书的理论价值与实践意义

本书的主要理论价值在于介绍观念系统中的观念场，并指出"记忆空间"存在的可能性并对其进行划分，为今后对"记忆空间"的进一步研究提供新思路。"记忆空间"的存在不仅影响自我认同与民族文化自我认同，也为跨文化交际障碍与文化空缺现象提供了一种全新的阐释视角。

在实践方面，帮助俄语学习者更为全面、深刻地了解"память"的内涵，具有一定的指导意义。

四、本书的主要观点与创新之处

本书的主要观点与创新之处体现在以下几个方面：

(1)较全面地介绍观念系统的各个单位(观念域、观念区、观念场、观念融合、观念组合、观念)，阐明各个单位之间的联系与区别(尤其是容易混淆的观念域与观念场之间的区别)；

(2)明确观念场"ПАМЯТЬ"的结构组成；

(3)提出分析文学篇章中的观念场是确定作者语言个性的有效途径；

(4)从记忆的内容与记忆的格式塔两个方面，说明俄罗斯语言意识中观念场"ПАМЯТЬ"的独特性；

(5)提出"记忆空间"存在的可能性并对其进行划分。

五、本书的材料来源

本书的参考文献主要是与观念、观念场、语言个性、格式塔、记忆空间等理论相关的俄文与中文专著、工具书，以及国内外公开发表的期刊论文，主要以俄文材料为主。需说明的是，本书中未特殊标注来源的俄语例句均选自俄语国家语料库(Национальный корпус русского языка)，相应的中文译文为作者自译。

目　录

第一章　理论背景：语言界对"语言—世界—人"之间关系的认识 …… 1
一、"语言相对论"假说 …………………………………………………… 3
二、"人类中心论"范式 …………………………………………………… 4
三、"语言世界图景"理论 ………………………………………………… 8

第二章　"观念"系统的理论研究 …………………………………… 12
一、"观念"研究 …………………………………………………………… 12
　（一）观念化 …………………………………………………………… 12
　（二）观念的定义 ……………………………………………………… 14
　（三）观念的结构 ……………………………………………………… 18
　（四）观念的研究方法 ………………………………………………… 21
　　1. 语言文化学中观念的研究方法 ………………………………… 22
　　2. 认知语言学中观念的研究方法 ………………………………… 26
二、"观念场"研究 ………………………………………………………… 30
　（一）"场性"研究方法作为语言学研究的一种重要方法 ………… 30
　（二）"观念场"研究综述 ……………………………………………… 34
　（三）观念系统中"观念场"与其他观念单位的关系 ………………… 40
　　1. "观念场"与"观念域"的关系 …………………………………… 40
　　2. "观念场"与其他观念系统单位的关系 ………………………… 45

第三章　观念场"ПАМЯТЬ" ………………………………………… 49
一、作为俄罗斯文化常量的观念"память"及其研究综述 ………… 49
二、观念场"ПАМЯТЬ"的结构 ………………………………………… 56

（一）场的内核 ………………………………………………… 56
（二）场的中心区域成员 ………………………………………… 67
    1. помнить ……………………………………………………… 70
    2. вспоминать/вспомнить …………………………………… 74
    3. забывать/забыть …………………………………………… 78
（三）场的近外围区域成员 ……………………………………… 86
    1. напомнить …………………………………………………… 86
    2. прошлое ……………………………………………………… 89
    3. знания ………………………………………………………… 94
    4. я ………………………………………………………………… 97
    5. свои …………………………………………………………… 101
    6. пространство ……………………………………………… 103
    7. эмоция ……………………………………………………… 106
（四）场的远外围区域成员 ……………………………………… 110

第四章 俄罗斯文学作品中观念场"ПАМЯТЬ"与作者语言个性 …… 114
一、分析文学篇章中"观念场"是确定作者语言个性的一种途径 …… 114
二、布宁小说中的观念场"ПАМЯТЬ" …………………………… 116

第五章 俄罗斯语言意识中观念场"ПАМЯТЬ"的独特性 ……… 124
一、记忆的内容 ……………………………………………………… 124
  （一）记忆的善恶内容特点 ……………………………………… 124
  （二）记忆的情感内容特点 ……………………………………… 126
二、记忆的格式塔 …………………………………………………… 128
  （一）人 …………………………………………………………… 129
  （二）火 …………………………………………………………… 130
  （三）画面 ………………………………………………………… 130
  （四）水 …………………………………………………………… 131
  （五）食物 ………………………………………………………… 131

第六章 "记忆空间" …… 134
一、记忆空间存在的可能性 …… 134
二、记忆空间的划分 …… 136
　（一）个体记忆空间 …… 137
　（二）集体记忆空间 …… 138
　（三）民族记忆空间 …… 140

结　语 …… 143

参考文献 …… 146

第一章
理论背景：语言界对"语言—世界—人"之间关系的认识

本章将简述与本书研究对象——俄语语言世界图景中的观念场"ПАМЯТЬ"相关的几个重要理论。

20世纪哲学的语言学转向、人文科学中人类中心论范式的兴起促进了语言文化学的形成与发展。正如 В. А. Маслова 所说，"在该语言学方向上语言被看作是民族的文化密码，而不仅仅是交际与认识的武器。В. Гумбольдт, А. А. Потебня 与其他学者的研究成果奠定了该研究方向的基础"[①]。

В. Гумбольдт 的著名论断："我民族语言的界限意味着我世界观的界限。"(Границы языка моей нации означают границы моего мировоззрения.) 根据洪堡特的观点，语言是"民族的灵魂"，它是民族的"存在本身"。也就是说，语言不仅具有民族性，而且是民族自我认同的指标。另外，洪堡特还说，语言是"处于外部现象世界与人内部世界之间的世界"(мир, лежащий между миром внешних явлений и внутренним миром человека)。

从语言文化学角度来说，语言能够反映一个民族的文化与传统，而"语言传统是民族传统系统中最重要的组成部分之一，语言传统被继承的程度代表着社会文化水平"[②]。

А. Вежбицкая 指出，我们可以在 Клиффорд Герц(Clifford Geertz)对文化的理解中看出语言与文化之间的关系："文化是历史上传承下来的意义

[①] Маслова В. А. Лингвокультурология: Учеб. пособие для студ. высш. учеб. заведений [M]. М.: Издательский центр «Академия», 2001:2.

[②] Крылова М. Н. Динамика средств выражения категории сравнения в области грамматики: лингвокультурологический аспект [J]. Язык и культура, 2013(3):56.

俄语语言世界图景中的观念场 "ПАМЯТЬ"

模式,这些意义在符号(символы)中得以实现,文化也是以符号形式来表达的所传承的认识系统,借助符号人们相互交流并在符号基础上人们的生活知识与生活目标得以固定下来与发展。"①

Э. Сепир 指出,"文化是某社会做的什么与想的什么",而"语言是人们如何想"②。

正如 Е. С. Кубрякова 所言,"多亏语言我们才知道意识的结构,语言告诉了我们这些结构的存在,并指出可以使用任何一种自然语言来描写它们"③。

Л. Вейсгербер 认为,不同民族利用不同的观念来充当工具,组建各种各样的世界图景,这些世界图景实质上是各民族文化的基础。

В. А. Маслова 指出,作为我们存在的环境,语言不是以一种客观存在的形式处于我们的外部,而是处于我们自身之中,在我们的意识与记忆里;语言随着每一次的思维运动、每一个新的社会文化作用而做出改变。④

在诠释"语言文化学的中心三位一体(Центральная триада лингвокультурологии)——语言/民族(民族个性)/文化"时,Т. В. Евсюкова、Е. Ю. Бутенко 论述道:语言不仅是交际与表达思想的最重要手段,而且是文化知识的积累;文化,就像语言一样,也是能够传达信息的符号系统,但文化与语言的不同之处在于,文化不能够自我构建,因为文化首先是记忆(память)、是复杂的符号系统,文化的功能是记忆,文化的基本特点是积累与追求绝对的普遍性;不追求自身绝对独一无二的个性(личность),如果没有文化间的交际与对话是不行的。⑤

---

①Вежбицкая А. Понимание культур через посредство ключевых слов [M]. М. : Языки русской культуры, 2001:44.

②Сепир Э. Избранные труды по языкознанию и культурологии [M]. М. : Прогресс: Универс, 1993:193—194.

③Кубрякова Е. С. Язык пространства и пространство (к постановке проблемы)[J]. Известия РАН. Серия лит-ры и языка, 1997(3):21.

④Маслова В. А. Лингвокультурология: Учеб. пособие для студ. высш. учеб. заведений [M]. М. : Издательский центр «Академия», 2001:60.

⑤Евсюкова Т. В., Бутенко Е. Ю. Лингвокультурология: учебник [M]. М. : ФЛИНТА·НАУКА, 2014:468—469.

第一章
理论背景：语言界对"语言—世界—人"之间关系的认识

综上可以看出，各家观点各有倾向：有的侧重语言与文化的关系，如 М. Н. Крылова、А. Вежбицкая 等；有的强调语言与意识的关系，如 Е. С. Кубрякова 等；也有学者则兼顾语言与文化的关系、语言与意识的关系，如 В. А. Маслова，Т. В. Евсюкова，Е. Ю. Бутенко。

一、"语言相对论"假说

新洪堡特主义（Неогумбольдтианство）建立在理解"语言与文化不可割裂"的基础上，它的分支之一是著名的萨丕尔—沃尔夫学派，该学派假设语言对思维的巨大作用。后期的新洪堡特主义者 Л. Вейсгербер 认为，语言是介于思维与现实之间的"中间世界"[①]。

"文化首先在语言中表达自己。语言是文化的真实现实，它能够将人带入文化中。语言是文化对世界以及对自身的固定看法。在人文科学中越来越经常谈到'语言的威力'（власть языка）（萨丕尔—沃尔夫假说），但是在科学中对其的解说各种各样：早期 М. М. Бахтин 将其理解为其他词语的'枷锁'，Л. С. Выготский 则理解为对立于意义的个人含义。"[②]

萨丕尔（Э. Сепир）与沃尔夫（Б. Уорф）为"语言相对论"假说（гипотеза лингвистической относительности）的奠基人，因此"语言相对论"假说也被称为"萨丕尔—沃尔夫"假说（гипотеза Сепира-Уорфа），它假设了语言与思维方式之间的关系。

不同学者对"语言相对论"假说做出过自己的总结：

Т. В. Евсюкова 与 Е. Ю. Бутенко 认为，"语言相对论"假说的实质可归结为：认识过程中语言被赋予首要作用。萨丕尔与沃尔夫在从研究北美印第安人语言过程中所获得的材料基础上，得出了语言范畴影响思维的结论。不同语言中各种各样范畴的存在证明了这些语言承载者范畴化周围

[①] Маслова В. А. Лингвокультурология：Учеб. пособие для студ. высш. учеб. заведений [М]. М.：Издательский центр «Академия», 2001：27.

[②] Маслова В. А. Лингвокультурология：Учеб. пособие для студ. высш. учеб. заведений [М]. М.：Издательский центр «Академия», 2001：27.

世界的方式不同,每个民族均通过母语棱镜来看待世界。①

  В. В. Красных 总结指出,"语言相对论"假说的基本观点可以归结为:语言决定其承载者的思维类型,对周围世界的认识方式取决于语言,思维利用语言得以实现。该假说具有"强版"与"弱版"之分。"强版"的支持者们认为,思维直接取决于语言,持语言决定论。那么在这种情况下,原则上不可能存在不同语言承载者之间的任何等值交际,任何一篇文学翻译也不具可能性。除此之外,如果在这种情况下,"对世界的认识就只会局限在被编码进我们语言中的那些现象或特征里"(М. Коул, С. Скрибнер),也就是说,世界性的科学完全不存在。这么说是不对的,如今该"强版"的反对者要比支持者多得多。"弱版"的支持者们认为,语言间的不同之处不在于通过它们可以表达什么,而在于通过它们可以更容易地去表达什么。语言中存在或不存在表示某些知觉范畴的词汇,决定了在思维过程中运用这些范畴会变容易还是变复杂。我们很难去证明"弱版"理论,也很难去推翻它。也许正因如此,它才被称为一种"假说"。②

  我们同样对该假说的"强版"持疑,因为语言决定论与跨文化交际、文本翻译等现实相悖。科学知识具有普适性,不能用语言决定论来以偏概全地诠释"语言相对论"假说。至于该假说的"弱版",我们也持保留意见,因为在表达同一事物时不同语言的不同之处有时是源于对该事物进行范畴化的不同结果,比如说,汉语中"红茶"的俄语译文为"черный чай"(而非красный чай),我们很难论断哪个表达使思维过程更容易。

二、"人类中心论"范式

  术语"聚合体"(парадигма)由语言学家索绪尔所提出,索绪尔将其理解为同一词语的形式系统,即类似于对俄语单词变格与变位表格的汇编。在

---

①Евсюкова Т. В., Бутенко Е. Ю. Лингвокультурология:учебник［М］. М.:ФЛИНТА · НАУКА,2014:457.

②Красных В. В. Основы психолингвистики:изд. 2-е, дополненное［М］. М.:Гнозис,2012:17—18.

此基础上，出现了新的术语"科学范式"(парадигма научного знания)。[①]

自从 1962 年库恩(T. Kuhn)在其著名的《科学革命的结构》一书中提出关于科学范式的革命性理论之后，范式作为提出问题及其解决方法综合的模式就成为各人文社会学科确定论域、寻找途径的方法论指南。范式包括四方面要素：(1)范式是一定时期内科学共同体的看问题方式，包括思维原则、方法论和价值观；(2)范式是科学共同体一致接受的某一专业学科的基本理论和取得的重大科学成就，包括一套符号概念系统；(3)科学共同体拥有的仪器设备和操作运演方式；(4)每一个范式均拥有自己的范例，这些范例是根据公认的科学成就做出的典型的具体题解。库恩将人类科学历史上的科学范式分为历史比较范式、结构系统范式、社会范式和人类中心论范式。[②]

当今学界对语言学中科学范式的划分没有统一的定论，主要存在以下几种观点：

И. П. Сусов 认为存在三种科学范式：第一种为起源范式(генетическая)，或称为历史范式(историческая)、进化范式(эволюционная)；第二种为分类范式(таксономическая)，其内部按照更替的顺序包括清单范式(инвентарная)、结构范式(структурная)、系统范式/结构系统范式(системная/системно-структурная)；第三种为人类中心论范式(антропоцентрическая)，又被称为交际范式(коммуникативная)、功能范式(функциональная)、实用交际范式(коммуникативно-прагматическая)、实用范式(прагматическая)。[③]

В. И. Постовалова 认为共存在三种科学范式：内在符号范式(имманентно-семиологическая)、人类学范式(антропологическая)、先验范式(трансцендентальная парадигма)。[④]

[①] Маслова В. А. Когнитивная лингвистика: учеб. пособие [M]. Минск: Тетра Системс, 2008: 6.

[②] 彭文钊，赵亮. 语言文化学 [M]. 上海：上海外语教育出版社，2006: 10.

[③] Сусов И. П. Языковое общение и лингвистика [C] // Прагматические и семантические аспекты синтаксиса. Калинин: КГУ, 1985: 3.

[④] Постовалова В. И. Лингвокультурология в свете антропологической парадигмы [C] // Постовалова В. И. Фразеология в контексте культуры. М.: Языки русской культуры, 1999: 25.

Кубрякова认为语言学中的科学范式主要有:人类中心论范式(антропоцентризм/антропологический подход)与扩张主义范式(экспансионизм)、功能主义范式(функционализм)、解释主义范式(экспланарность)。①

В. В. Глебкин(2014)认为,决定19世纪下半叶至20世纪初语言学整体面貌的基本范式有:孤立主义范式(изоляционистская парадигма)、人类中心论范式、社会文化范式(социокультурная парадигма)。

Маслова认为存在三个科学范式:历史比较范式(сравнительно-историческая)、结构—系统范式(системно-структурная)、人类中心论范式(антропоцентрическая)。②

赵爱国教授认为,当代俄罗斯语言学研究中的人类中心论范式是继历史比较范式(сравнительно-историческая парадигма)、结构—系统范式(системно-структурная парадигма)、社会范式(социальная парадигма)之后形成的一种崭新的科学范式。③

正如Кубрякова所说,"人类中心论"表现在"在分析某些现象时人成了被阐释的中心",也表现在"人参加到该分析中,并决定了其前景与最终目标"④。

"人类中心论"范式强调"语言中的文化因素"与"人中的语言因素"。Маслова认为,"人类中心论"范式是指研究者的兴趣从认识的客体转换为认识的主体,即分析"语言中的人"与"人中的语言"。"语言只存在于个体

---

①Кубрякова Е. С. Смена парадигм знания в лингвистике XX века [C] // Кубрякова Е. С. Лингвистика на исходе XX века: Итоги и перспективы. Тезисы междунар. конф. Т. I. М. :Изд-во МГУ, 1995:280.

②Маслова В. А. Когнитивная лингвистика: учеб. пособие [M]. Минск: Тетра Системс, 2008:8.

③赵爱国.当代俄罗斯人类中心论范式语言学理论研究[M].北京:北京大学出版社,2015:1.

④Кубрякова Е. С. Эволюция лингвистических идей во второй половине XX века (опыт парадигмального анализа)[M] // Чурилина Л. Н. Актуальные проблемы современной лингвистики: учебное пособие. М. :Флинта·Наука, 2008:55.

第一章
理论背景：语言界对"语言—世界—人"之间关系的认识

的大脑中，只存在于内心，只存在于构成该语言共同体的个人或个体的心理中"①。

"人类中心论"范式分为几个相互联系但又有所不同的方向。第一个方向将语言作为人的"镜子"来研究，语言世界图景是该方向的基本概念，而该方向的主要任务是研究人如何在语言中表现自己。第二个方向是交际语言学，它的特点是对人的兴趣首要在于人参与交际过程。第三个方向使用其他科学的数据，研究语言在认识过程中与人的认知构建中的作用。人类中心论语言学的第四个方向，虽没有自己的名称，但指出了语言以什么方式存在于人自身之中。С. Г. Васильева 建议将语言学的该方向称为主体内部语言学（внутрисубъектная лингвистика）或语言承载者理论（теория носителя языка）。②

现代语言学中在"人类中心论"范式框架内形成的主要方向为认知语言学与语言文化学。

认知语言学是"一种这样的语言学方向：语言，作为基本的认知机制与认知工具，处于认知语言学注意力的中心。语言是一个符号系统，这些符号在表征（编码）与传递信息中起着重要作用"③。认知语言学的目的是"弄清范畴化、分类与了解世界的过程如何实现，知识的积累如何发生，哪些系统保证了信息行为的不同形式"④。当前认知语言学面临的三个主要问题是：语言符号的本质、如何掌握语言符号、如何使用语言符号。认知语言学的中心问题是构建语言交际的模式，语言交际是交换知识的基础。对于俄罗斯认知语言学来说，范畴化人类经验的问题十分重要。俄罗斯认知语言

---

① Маслова В. А. Лингвокультурология: Учеб. пособие для студ. высш. учеб. заведений [M]. М.: Издательский центр «Академия», 2001:4—8.

② Евсюкова Т. В., Бутенко Е. Ю. Лингвокультурология: учебник [M]. М.: ФЛИНТА·НАУКА, 2014:15.

③ Кубрякова Е. С., Демьянков В. З., Панкрац Ю. Г., Лузина Л. Г. Краткий словарь когнитивных терминов [Z]. М.: Филол. ф-т МГУ им. М. В. Ломоносова, 1996:53.

④ Маслова В. А. Когнитивная лингвистика: учеб. пособие [M]. Минск: Тетра Системс, 2008:23.

学家越来越对一系列有关于确定以下认知链中依赖关系、相互关系的问题感兴趣:"理智(意识)—语言表征—观念化—范畴化—理解"①。

语言文化学是一种人的科学,它的中心是文化现象。② 语言文化学是出现在语言学与文化学交叉点上的一门科学,它研究反映与固定在语言中的民族文化表征。③ 语言文化学将语言作为文化现象来研究,将语言看作语言个性文化特点的反映,人通过民族语言棱镜来观察世界,语言是独特民族心智的表现。④

综上所述,"人类中心论"范式为语言学研究提供了一种新的提出问题与解决问题的角度,指向"语言中的人"与"人中的语言"。认知语言学与语言文化学均处于"人类中心论"范式的视域之内:认知语言学将语言作为人认知的工具,而语言文化学将语言作为一种集体文化现象。

三、"语言世界图景"理论

Х. Шухардт 曾说过:"如果词语背后是物品,句子背后是事实,那么很自然地就会思考:语言背后是事实吗?我们完全赞同该观点,并作出补充:就像意象处于物品和词语之间,思想位于事实与句子之间,在事实与语言之间存在着世界观。"

正如 Ashley Montagu 所言,我们每个人不是以世界本身的样子去学会认识这个世界,而是通过我们的词语棱镜。正是拥有词语我们才被称之为人,没有词语我们便会失去人性。

19 世纪末 20 世纪初,"世界图景"(Картина мира)由 Г. Герц 首次在物

---

① Кравченко А. В. Знак,значение,знание:Очерк когнитивной философии яз. [М]. Иркутск:Издание ОГУП «Иркутская обл. типография № 1»,2001:3.

② Телия В. Н. Русская фразеология. Семантический,прагматический и лингвокультурологический аспекты [М]. М.:Языки русской культуры,1996:222.

③ Маслова В. А. Лингвокультурология:Учеб. пособие для студ. высш. учеб. заведений [М]. М.:Издательский центр «Академия»,2001:28.

④ Маслова В. А. Лингвокультурология:Учеб. пособие для студ. высш. учеб. заведений [М]. М.:Издательский центр «Академия»,2001:8.

理领域提出。Г. Герц 认为,世界图景是外部客体的内部形象总和,这些内部形象反映了客体的本质特征,内部形象也包括了一些不可完全避免的空虚且多余的关系。这些内部形象由我们的智力所构建,并在相当大的程度上由反映客观事物的方式所决定。[①]

根据 Постовалова 的观点,世界图景是"对世界的总体形象,是人世界观的基础,也就是说,该形象反映了因人精神与认识活动而产生的人所理解的世界"[②]。

Т. В. Евсюкова 与 Е. Ю. Бутенко 指出,世界图景是人意识中的心智构成,是人与周围世界接触的结果,它表达人与世界间的相互关系,是人存在于世界中的最重要条件。概念"世界图景"的基础是人对世界的认识。世界图景具有两个基本功能:解释功能(实现对世界的认识)、来自世界图景的调节功能(成为人活动的万能风向标)。有多少个与世界相接触的观察者,就存在着多少个世界图景。世界图景的主体观察世界并描述自己的认识,它们可以是:(1)单独的人(经验主体);(2)单独的人群(团体);(3)单独的民族(或多个民族);(4)全体人类。[③]

根据赵爱国教授的观点,世界图景按其属性可分为"科学世界图景"(научная картина мира)和"天真世界图景"(наивная картина мира)两类。前者是科学(主要指自然科学)对世界的认识,后者指人对世界最为朴素的认识,或者人在与现实世界的接触过程中得到的最初始的世界形象,因此称为"天真"。研究表明,科学世界图景是在天真世界图景基础上产生和发展起来的。而在天真世界图景的形成过程中,语言起到了决定性和不可替代的作用。因此,天真世界图景又被笼统地称为"语言世界图景"

[①] Герц Г. Принципы механики, изложенные в новой связи. Жизнь науки. Антология вступлений к классическому естествознанию [M]. М.: Наука, 1973:83.

[②] Постовалова В. И. Картина мира в жизнедеятельности человека [C] // Постовалова В. И. Роль человеческого фактора в языке. Язык и картина мира. М.: Наука, 1988:21.

[③] Евсюкова Т. В., Бутенко Е. Ю. Лингвокультурология: учебник [M]. М.: ФЛИНТА·НАУКА, 2014:458—459.

俄语语言世界图景中的观念场 "ПАМЯТЬ"

(языковая картина мира/ЯКМ)。"语言世界图景",通常认为它源自洪堡特提出的"每一种语言都包含着一种独特的世界观"的理论假设。[①]

В. А. Маслова 认为,在与客观世界相互作用的过程中,人将其认识的结果保存在语言中,语言本身是人关于世界知识的储存库,语言世界图景就是"铭刻在语言形式中的知识总和,或被称为语言中间世界(языковой промежуточный мир),或被称为语言世界表征(языковая репрезентация мира),或被称为语言世界模式(языковая модель мира)"。[②]

В. Н. Телия 将语言世界图景定义为"语言思维活动不可避免的意识产物,是思维、现实与语言相互作用的结果。其中语言是人在交际行为中表达其对世界认识的手段"[③]。

每一种自然语言都反映了观念化(理解和构建)世界的一定方式,在这种情况下语言所表达的意义形成了众多观点的统一系统,这个系统是"强求"该语言所有承载者所必需的某种"集体哲学";世界图景是"周围物质现实在人心理中的反映",而语言世界图景则是"语言棱镜中的世界"(мир в зеркале языка)。[④]

根据 Т. В. Евсюкова 与 Е. Ю. Бутенко 的观点,观念世界图景(Концептуальная картина мира/ККМ)——由观念以及观念间相互联系构成的世界图景。ККМ 的民族特点表现在个人意识中存在/不存在某些心智单位——观念,表现在对于语言文化来说这些观念的地位,表现在观念的相互联系系统与它们的意义结构。这是心智与语言文化之间的间接环节,因为该环节进入意义空

[①] 赵爱国. 语言文化学论纲 [M]. 哈尔滨:黑龙江人民出版社,2006:77—78.

[②] Маслова В. А. Лингвокультурология:Учеб. пособие для студ. высш. учеб. заведений [M]. М. :Издательский центр «Академия», 2001:64.

[③] Телия В. Н. Метафоризация и ее роль в создании языковой картины мира [C] // Серебренников Б. А. Роль человеческого фактора в языке:Язык и картина мира. М. :Наука, 1988:179.

[④] Красных В. В. Основы психолингвистики:изд. 2-е, дополненное [M]. М. :Гнозис, 2012:119.

间,而意义空间的最重要单位在语言世界图景中得以实现①;而语言世界图景——铭刻在语言词汇中对所有客观存在的看法,该看法具有民族性。ЯКМ 的实质可以归结为:客观现实在我们意识概念中的反映,而概念用词语来表达。这样就形成了一个连续体:现实—概念—词语(действительность—понятие—слово)。在这个连续体中现实是第一性的,而概念与词是第二性的。词语是相应概念的语言等价物,并与概念一同出现。词语是概念约定俗成的标志(概念的象征、符号),并且词语引起关于物品、特征、行为、现象的认识。②

综上所述,我们认为,语言世界图景是人认识世界的结果,是固定在语言中的人世界知识的总和。语言世界图景不是对客观世界直接的镜像反映,而是某语言中承载的民族文化共同体成员对世界的认识,具有民族性。

---

① Евсюкова Т. В., Бутенко Е. Ю. Лингвокультурология:учебник [M]. М.:ФЛИНТА·НАУКА,2014:460.

② Евсюкова Т. В., Бутенко Е. Ю. Лингвокультурология:учебник [M]. М.:ФЛИНТА·НАУКА,2014:469—470.

第二章
"观念"系统的理论研究

一、"观念"研究

(一)观念化

无论是观念,还是观念场、观念域都离不开观念化的过程,因此,首先我们对观念化进行简述。

观念化(концептуализация)——在语言文化承载者的意识中形成或构建,是关于该语言文化的事件、概念、现象的观念的形成过程。可以说,对概念的观念化是在不同语言文化领域中含义的形成(смыслопорождение),该含义的形成服从于一定的反射规律。鉴于人的认识活动决定着新含义的不断产生,可以将观念化理解为含义形成的不同"方式",这些方式构成了语言文化在其现实层面的特点。[①] 对概念的观念化不同,就是对概念的理解与认识方式不同。

Залевская 认为,观念化是"人脑中对周围世界、对存在于其中的客体、行为、状态以及它们间联系与关系反映出的不同看法的过程"[②]。

言语化(вербализация)即是言语观念化(вербальная концептуализация)。言语观念化是"涵盖语言不同层面的观念化。虽然研究者指出了语言词汇层与成语层的优先作用,但在现实交际中语言不同层面的手段会被综合利用。

[①] Евсюкова Т. В., Бутенко Е. Ю. Лингвокультурология: учебник [M]. М.: ФЛИНТА · НАУКА, 2014:460.

[②] Залевская А. А. Введение в психолингвистику: учебник [M]. М.: Российский государственный гуманитарный университет, 1999:31—42.

词汇被公认为是最基本的称名单位,是集体意识中保存信息的重要手段"①。

为了更加明确观念化这一概念,我们引入在主体意识中与其相对立的概念——"去观念化"(деконцептуализация)。"观念化"是划分出民族文化含义的过程,这些民族文化含义构成了语言文化观念。我们把"去观念化"理解为是与"观念化"相反的过程,即将观念转变为概念,去掉许多文化含义并获得固定的词典意义。"观念化"的产物是观念、文化字典的单位,它们构成了朴素世界图景。"去观念化"的结果可以认为是概念、词典的单位,它们构成了相应的科学世界图景。如果说"观念化"是意识中对某世界片段认识的含义构建(对观念的含义构建),"去观念化"则是分出心智层面最小的基本内容单位,这些单位反映了现实世界某现象公认的概念特征。②

综上所述,"观念化"是获得文化含义的过程,而"去观念化"正是去掉观念的文化含义,划出形成概念的意义,将观念变为科学概念,获得固定的语言意义的过程。也就是说,"观念化"与"去观念化"是"观念"与"概念"间相互运动、相互转变的对立过程。我们将该过程图示如下:

$$概念 \xrightleftharpoons[去掉文化含义(去观念化)]{获得文化含义(观念化)} 观念$$

(科学世界图景的单位)(朴素世界图景的单位)

认识"观念化"与"去观念化"使我们更加明晰"观念"的内含。Ю. С. Степанов 指出,作为观念化产物的观念是"意识中的文化凝结","观念不仅是(理性)思维的对象,而且是被感受的对象"(Концепты не только мыслятся, они переживаются)③,即观念既有科学概念所包含的意义(观念的概念特征),也具有文化含义。观念包含其表征词的所有意义(既包括词典释义,也包括其在上下文中的情境意义)与该表征词的所有含义(文化)。

除此之外,鉴于意义是普适的,所以概念可以被不同语言的词汇所表达

---

① Евсюкова Т. В., Бутенко Е. Ю. Лингвокультурология: учебник [M]. М.: ФЛИНТА · НАУКА, 2014:456.

② Евсюкова Т. В., Бутенко Е. Ю. Лингвокультурология: учебник [M]. М.: ФЛИНТА · НАУКА, 2014:118.

③ Степанов Ю. С. Константы. Словарь русской культуры. Опыт исследования [M]. М.: Школа «Языки русской культуры», 1997:40—41.

俄语语言世界图景中的观念场 "ПАМЯТЬ"

并且可以相应地被翻译成其他的语言,而观念总是被具体的某一语言文化所"密封"或者甚至有时候被某语言文化的具体认识所"密封"。尽管概念与观念有所不同,但是它们在词语中得以交叉。[①] 试比较概念与观念"爱"、观念与概念"心灵"等。

另外,认知语言学中的"概念化"不同于我们上文中所说的"观念化"。束定芳教授指出,概念化"指的是人们对事物的观察和表达的方式,几乎包括了人大脑的各种互动","认知语言学中的概念化主要是看人的认知能力对语言结构所产生的影响,即解释为什么会出现某种句子结构或表达"[②]。体验哲学认为:概念和意义主要是在人类对客观世界进行互动体验和认知加工的基础上形成的。也就是说,概念和意义的形成既与对客观事物的体验有关,还取决于人类对客观世界进行主观性的理解。Langacker 将意义等同于"概念化"(conceptualization),实现了从传统意义观向认知意义观的飞跃。[③]

认知语言学中的"概念化"是人与客观世界互动体验、认知加工后获得某类事物共同特征的过程,它促成词典释义的形成。如果说认知语言学中的"概念化"可以解释为什么会出现某一语言表达,那么语言文化学中的"观念化"则可以解释该语言表达所包含的文化含义。例如,针对俄语中的词汇"водка"来说,汉语中只有对应的音译,而没有完全与之相对应的称名词汇,这是因为在中国人的现实生活中没有该事物,在认识世界时无法对其概念化,更不会谈及对该概念的观念化过程。如下图示:

客观世界──概念化──→概念──观念化──→观念

(二)观念的定义

观念具有跨学科属性。С. Г. Воркачев 认为,观念"覆盖"了若干科学方向的学科领域:首先就是研究思维与认识、保存与加工信息等问题的认知心理

[①] Евсюкова Т. В., Бутенко Е. Ю. Лингвокультурология: учебник [M]. М.: ФЛИНТА・НАУКА, 2014:119—120.

[②] 束定芳."境界"与"概念化"——王国维的诗歌理论与认知语言学中的"概念化"理论[J].外语教学,2016,37(4):1—4.

[③] 王寅.认知语言学的"体验性概念化"对翻译主客观性的解释力[J].外语教学与研究,2008,40(3):211—212.

学与认知语言学,还有语言文化学。[①] 观念属于"语言文化学的研究范畴之一"[②],形成于20世纪90年代后期,得到了俄罗斯与国内学界的高度关注。

在现代语言学中对"观念"的解释繁多,很多学者都对"观念"进行过研究,如 С. А. Аскольдов, Ю. Д. Апресян, Н. Д. Арутюнова, Н. Н. Болдырев, С. Г. Воркачев, А. Вежбицкая, В. И. Карасик, Е. С. Кубрякова, Д. С. Лихачев, В. А. Маслова, Ю. С. Степанов, В. Н. Телия, З. Д. Попова, И. А. Стернин, А. Д. Шмелев, Л. О. Чернейко, И. В. Зыкова, А. В. Кравченко, Н. Г. Брагина, Р. М. Фрумкина, В. В. Красных, В. И. Постовалова, Е. В. Рахилина 等。

С. А. Аскольдов 是第一位(1928年《Концепт и слово》)运用术语"концепт"的俄罗斯学者。观念范畴在语言文化学中得到的广泛关注是由其重要性所决定的。正如 Ю. С. Степанов 的论断,"文化是观念与观念间关系的总和",亦暗示了对多个观念进行整合研究(下文中论述的观念场范畴)的重要性。

观念是世界图景的构成要素,或者确切地说,是世界图景的基础,那么进一步地将世界图景看作是人行为的结果具有合理性。[③]

Н. Д. Арутюнова 与 С. Г. Воркачев 认为,观念是"一个浸入文化的概念"。观念"具有民族文化特点"[④],它决定了某语言文化共同体的世界观,是民族心智的表现。根据 Ю. С. Степанов 的观点,"文化以观念的形式进入人的心智世界","观念是人心智世界中文化的基本单位"[⑤]。观念是"心智构成物,它是保

[①] Воркачев С. Г. Концепт как «зонтиковый термин» [C] // Воркачев С. Г. Язык, сознание, коммуникация. М. :ООО "МАКС Пресс", 2003:6.

[②] Красных В. В. Основы психолингвистики:изд. 2-е, дополненное [M]. М. :Гнозис, 2012:207.

[③] Талапова Т. А. Концепт "Вера/Неверие" в русской языковой картине мира [D]. Абакан:Хакас. гос. ун-т им. Н. Ф. Катанова, 2009:115.

[④] Пименова М. В., Кондратьева О. Н. Концептуальные исследования: Введение [M]. М. :Флинта · Наука, 2011:71.

[⑤] Степанов Ю. С. Константы. Словарь русской культуры. Опыт исследования [M]. М. :Школа «Языки русской культуры», 1997:40—41.

| 俄语语言世界图景中的观念场
| "ПАМЯТЬ"

存在人记忆中的被认识到的重要定型的经验片段"①。

观念分析的目的是"确立个人或集体语言意识中的词语的深层的联想联系,展现抽象实质如何深层次地投射于物的世界（вещный мир）"②。"某些全人类的观念,在不同的语言中取决于语言因素、实用因素与文化因素以不同方式分组、不同方式言语化,因此这些观念固定在不同的意义中。"③

从以上学者对观念的定义可以看出,一些学者将观念看作文化观念,一些学者将观念看作认知观念。

俄罗斯学者们对观念的看法现仍达不到统一,Ю. Е. Прохоров 以观念的一些特征作为分类的参数,将各家观点做出如下总结：

1. 什么是观念？
- 认知语言学现象（Е. С. Кубрякова）
- 心理语言学现象（А. А. Залевская）
- 抽象的科学概念（Е. А. Соломоник）
- 文化的基本单位（Ю. С. Степанов）
- 语言文化学现象（Г. Г. Слышкин，В. И. Карасик）

2. 观念是什么的单位？
- 心智单位（В. В. Колесов，С. Г. Воркачев，В. И. Карасик，М. Г. Лебедько，Е. И. Зиновьева，С. А. Борисова）
- 意识/心智结构的单位（Е. С. Кубрякова，А. П. Бабушкин，И. А. Стернин，А. В. Кравченко，Т. А. Фесенко，З. Д. Попова，Г. Г. Слышкин，Р. Д. Сафарян）
- 思维语言的单位（С. А. Аскольдов，И. А. Стернин，Т. А. Фесенко）
- 语言世界图景单位与民族文化心智的产物（Н. Д. Арутюнова，Ю.

---

① Карасик В. И.，Прохвачева О. Г.，Зубкова Я. В.，Грабарова Э. В. Иная ментальность [M]. М.：Гнозис，2005：8.

② 杨明天. 观念的对比分析——以俄汉具有文化意义的部分抽象名词为例 [M]. 上海：上海译文出版社，2009：64.

③ Краткий словарь когнитивных терминов под общей ред. Е. С. Кубряковой [Z]. М.：Филол. ф-т МГУ им. М. В. Ломоносова，1997：84.

Д. Апресян，Н. В. Черемисина，Л. О. Чернейко，В. П. Нерознак，В. С. Ли，В. В. Красных）

• 心智语言综合体单位（единица ментально-лингвального комплекса）（В. В. Морковкин）

• 世界信息的单位（С. А. Борисова，Т. В. Матвеева）

3.观念的组织结构类型（организационно-структурные типы）有哪些？

• 思维图景、观念图式（концепт-схема）、框架观念、顿悟观念（концепт-инсайт）

• 脚本观念、变化观念（концепт калейдоскопический）（А. П. Бабушкин，З. Д. Попова）

• 最小观念（концепт-минимум）、最大观念（концепт-максимум）（А. Вежбицкая）

• 中心观念（узловой）、构成观念（атомарный）（А. П. Булатова）

• 微观观念、宏观观念（Г. В. Токарев）

• 超级观念（Г. В. Гафарова）

• 个人观念、小集体观念、大集体观念、民族观念、文明观念、全人类观念（Г. Г. Слышкин，В. И. Карасик）

• 集体观念（职业观念、年龄观念、性别观念、个人观念）（З. Д. Попова，Г. Г. Слышкин）

• 民族文化观念、社会文化观念（Г. Г. Слышкин）

• 名字、普通现象（универсалии）；原型观念、不变观念（С. Г. Воркачев）[①]

В. А. Маслова 认为，可以将观念分为：（1）对世界的认识；（2）自然现象与自然界；（3）对人的认识；（4）道德观念；（5）社会概念与关系；（6）情感观念；（7）人造物世界；（8）科学认识的观念域：哲学、语言学、数学等；（9）艺术观念域：建筑、绘画、音乐、舞蹈等。[②] 根据下文所述的观念域与观念场的概

---

① Прохоров Ю. Е. В поисках концепта［M］. М. ：Флинта • Наука，2009：20—22.

② Маслова В. А. Когнитивная лингвистика：учеб. пособие［M］. Минск：Тетра Системс，2008：84.

念，我们认为其中(8)(9)均属于我们所说的观念场范畴，而非观念域范畴。

综上各家观点，我们认为，观念是观念系统中最小的单位，观念研究反映在语言中的人对周围世界的认识与其所承载的文化。普遍认为观念分为认知观念与文化观念，对此我们将在下文具体论述。

（三）观念的结构

关于观念的结构，目前学者们有两种看法。有些学者认为观念内部具有层级结构（深度、纵向），而有些学者则认为观念内部具有场性结构（广度、横向）。相应地，观念结构的模式分别为层级模式（слоистая модель）及场性模式（полевая модель）。

Ю. С. Степанов 研究了观念的层级结构。他认为观念具有一定"深度"的多维结构，该结构是由现实层（актуальные слои）与词源层（этимологические слои）构成的。根据 Степанов 的观点，分析观念必须依次"展开"其层级，并最终到达最后一层——"文明层"，即到达观念的深层实质。通过观念词词源与文化重建，可使对观念的深入"垂直"研究得以实现。观念结构的场性模式通常将观念描写为核心（ядро）与边缘（периферия）。观念的概念部分（понятийная часть）为核心，观念的形象成分与价值成分（образная и ценностная составляющие）为边缘（Воркачев 2004）（Попова，Стернин 2007）（Карасик 2004）；也有学者认为反映在语言单位中的最稳定、最普通的观念特征为观念的核心，而易变特征为观念的边缘，这些易变特征属于个人的联想场或非固定的文化含义（Слышкин 2004）（Маслова 2007）。这种解决观念结构问题的方法不是"纵深"的运动，而是"向宽"的运动：从核心特征到边缘特征。[①]

针对观念的结构 Ю. Е. Прохоров 也对各家观点做出过总结：

· 词源层与现实层（Ю. С. Степанов）

· 内核与边缘（З. Д. Попова）

· 在原则上不可能将观念的结构模式化（З. Д. Попова）[②]

[①] Лебедева М. Ю. Концептуальное поле "Детство" и его репрезентация в русском языке [D]. М.：Государственный институт русского языка，2013：23.

[②] Прохоров Ю. Е. В поисках концепта [M]. М.：Флинта · Наука，2009：21.

Ю. С. Степанов 提出的观念结构的层级模型,我们将其总结为以下图示:

$\Downarrow$ 　现实层
　　词源层
　　文明层(观念的深层本质)

Воркачев, Попова, Стернин 以及 Карасик 所认为的观念结构的场性模型,我们将其图示如下:

（A. 观念结构中的核心部分,是观念的概念部分;B. 观念结构中的边缘部分,是观念的形象成分与价值成分）

Слышкин 与 Маслова 认为的观念结构的场性模型,我们图示如下:

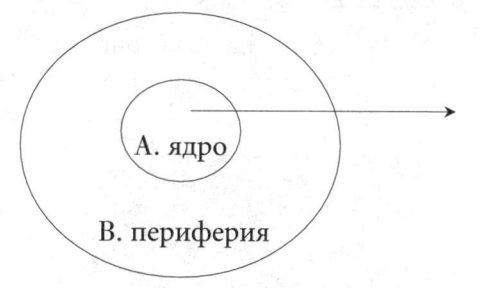

（A. 观念结构中的核心部分,最稳定特征;B. 观念结构中的边缘部分,易变特征,属于个人联想场或非固定文化含义）

观念结构也可能存在综合模型——三维模型（синтезирующая — трехмерная модель）,一方面,该模型具有场性结构,并根据某观念若干特征的稳定性（устойчивость）与频率（частотность）将它们进行排列,即根据距离核心相近的程度,而另一方面,该三维模型也表现出观念的"考古学",即以各种形式反映在表层（поверхностный слой）的所有深处文化含义（глубинные культурные смыслы）。表层是反映在现代语言单位中（固定组合、隐喻等）并在一定类型的语言实验中显示出来的观念层级。在不同类

俄语语言世界图景中的观念场 "ПАМЯТЬ"

型数据(分析现代篇章、元语言的反射)的基础上,在表层内可以区分出观念的核心特征与边缘特征。在该模型深层中包含观念的文化信息,文化信息以不同类型的文化实践与文化篇章的形式来表达;深层中汇集了神话题材成分(мифологемы)与意识的原始意象(архетипы сознания)。在观念的结构中该深层的存在符合观念是"文化凝结"(Ю. С. Степанов)的经典定义。在表层可以自然地发现深层的反射。一些观念的现实特征(актуальные признаки)与文化层的事实是协调一致的。[①] 此处观念结构的综合模型,即三维模型,我们将其图示如下:

А. ядро
(устойчивость)
частотность
В. периферия

深层文化含义

М. Ю. Лебедева 将该三维模型示意如下图:

Ядерная зона
Периферийные зоны
Актуальный поверхностный слой
Культурные слои

Трехмерная модель концепта[②]

[①] Лебедева М. Ю. Концептуальное поле "Детство" и его репрезентация в русском языке [D]. М. : Государственный институт русского языка , 2013: 23—24.

[②] Лебедева М. Ю. Концептуальное поле "Детство" и его репрезентация в русском языке [D]. М. : Государственный институт русского языка , 2013:25.

综上所述,目前对观念结构具有三种看法:(1)层级结构(深度、纵向);(2)场性结构(广度、横向);(3)三维结构(广度+深度、纵向+横向)。其中层级结构强调的是对观念词的词源研究;场性结构侧重对观念内部稳定成分与易变成分的切分;三维结构不仅考虑到观念的核心特征与边缘特征,还考虑到观念深处的文化含义。由此可见,三维结构模型更加全面、深入,与文化观念的本质相契合。值得注意的是,以上提及的三维模型针对的是某一观念的内部结构,而非观念场。

某一观念的结构并非一成不变,它由于各种原因总是处于动态的变化中。Н. В. Крючкова 指出了观念结构动态性的两个原因,一方面,在历史、文化、社会、年龄、性别等影响下观念易变;另一方面,在于观念的交际话语制约性、观念存在的功能性,观念不仅是心智意象层面单位或文化层面单位,也是在现实交际中结合这些层面的单位。[①]

我们认为观念结构动态性的原因有三点:第一点,因不同民族的文化各异,同一观念对于不同民族来说,其深层文化层内容也不尽相同,以致观念结构具有动态性;第二点,受个人联想场、非固定文化含义、观念所置的篇章类型(哲学篇章、文学篇章、宗教语篇)等因素影响,观念结构现实层面中的边缘区域具有动态性,因此整个观念结构也随之改变;第三点,观念结构受上述 Н. В. Крючкова 所指的交际语境影响。

(四)观念的研究方法

Ю. Е. Прохоров 在回答"观念的内容类型有哪些"这一问题时,总结如下:

· 文化观念(С. Г. Воркачев,В. И. Карасик,Т. В. Матвеева)
· 语言文化观念(В. И. Карасик,Н. В. Раппопорт)
· 认知观念(Е. С. Кубрякова,З. Д. Попова,С. Г. Воркачев)
· 情感观念(А. Вежбицкая)

[①] Крючкова Н. В. Роль референции и коммуникации в концептообразовании и исследовании концептов (на материале русского, английского, французского языков)[D]. Саратов:Саратовский государственный университет,2009:23—24.

俄语语言世界图景中的观念场 "ПАМЯТЬ"

• 科学观念(Т. В. Матвеева)[①]

对"作为语言文化学研究对象的观念"和对"作为认知语言学研究对象的观念"采用不同的研究方法。

1. 语言文化学中观念的研究方法

现代语言学中存在两种研究观念的方法，认知语言学方法（лингвокогнитивный подход）与语言文化学方法（лингвокультурологический подход），即认知语言学与语言文化学中对观念的理解有所不同。相应地，存在两种观念，即文化观念（культурный концепт）与认知观念（когнитивный концепт）。

从语言文化角度研究观念的学者有 С. Г. Воркачев, В. И. Карасик, Н. А. Красавский, Г. Г. Слышкин, Ю. С. Степанов 等。

正如 Н. Д. Арутюнова 所言，观念帮助人理解自己与他人、自己与自然的相互作用，如例句："人同自由与正义斗争，寻找真理并为之服务，为了共同的幸福牺牲自己，渴求善良并与命运斗争，命运或是欺骗他，或是助他梦想成真。"(*Человек борется за **свободу** и **справедливость**, ищет **истину**, служит ей, жертвует собой ради общего **блага**, стремится к **добру** и борется с **судьбой**, которая обманывает его или оправдывает его **надежды**.*)[②] 也就是说，通过对观念的研究，特别是通过对文化关键观念（ключевые концепты культуры）的认识，可以了解某民族的文化及其人民的世界观体系。文化关键观念是由文化决定的世界图景的核心（基础）单位，这些核心（基础）单位，无论是对单独的语言个性来说，还是对整个语言文化共同体来说，均具有存在主义的价值。文化关键观念为抽象名词，如良心（совесть）、命运（судьба）、意志（воля）、运气（доля）、罪恶（грех）、法律（закон）、自由（свобода）、知识分子（интеллигенция）、家乡（родина）等[③]。我

[①] Прохоров Ю. Е. В поисках концепта [M]. М.: Флинта • Наука, 2009: 22.

[②] Арутюнова Н. Д., Янко Т. Е. Логический анализ языка. Культурные концепты [M]. М.: Наука, 1991: 4.

[③] Евсюкова Т. В., Бутенко Е. Ю. Лингвокультурология: учебник [M]. М.: ФЛИНТА • НАУКА, 2014: 459.

• 22 •

们可以通过该定义看出,文化关键观念包括价值观念以及其他对于一个民族十分重要的具有普遍意义的观念。

"观念构成了人与世界间的独特文化层。"①В. И. Постовалова 认为,观念"是最小的含义量子,内部铭刻着对人在世界上存在与状态的最重要的观点"②。Ю. С. Степанов 指出,"如果没有观念,那么科学本身就不会存在:那么没有人(除了电脑)能够在现实中人性地使用大范围的信息"③。В. И. Карасик 等认为,文化观念"是集体的心智构成,确定了相应文化的独特性"④。

从语言文化学的角度,观念是"以框架形式构建的认识"⑤;文化观念是多维含义的心理结构,其中有价值成分、形象成分、概念成分⑥;根据 Ю. С. Степанов 的观点,观念是语言与文化承载者心智空间中的基本文化单位⑦,"观念结构中进入了所有使之成为文化事实的一切——原始信息(词源);压缩为主要内容特征的历史;当代的联想;评价等"⑧。С. Г. Воркачев 则认为,观念是"有一定程度共性的一些心智构成,它们具有内部语义的可分解

---

①Арутюнова Н. Д. Введение [C] // Арутюнова Н. Д. Логический анализ языка:Ментальные действия. М. :Наука,1993:3.

②Постовалова В. И. Наука о языке в свете идеала цельного знания:В поисках интегральных парадигм [M]. М. :ЛЕНАНД,2016:214.

③Степанов Ю. С. Концепты. Тонкая пленка цивилизации [M]. М. :Языки славянской культуры,2007:20.

④Карасик В. И. ,Прохвачева О. Г. ,Зубкова Я. В. ,Грабарова Э. В. Иная ментальность [M]. М. :Гнозис,2005:29.

⑤Телия В. Н. Русская фразеология. Семантический, прагматический и лингвокультурологический аспекты [M]. М. :Языки русской культуры,1996:96.

⑥Карасик В. И. Языковой круг:личность, концепты, дискурс [M]. Волгоград:Перемена,2002:83.

⑦Степанов Ю. С. Константы:словарь русской культуры [M]. М. :Языки русской культуры,2004:43.

⑧Прохоров Ю. Е. В поисках концепта [M]. М. :Флинта·Наука,2009:24.

| 俄语语言世界图景中的观念场
"ПАМЯТЬ"

性。这些心智构成具有民族文化特点,并能够找到固定的语言表达"①。观念反映了某文化承载者对世界的认识。世界位于语言符号背后,具有各种各样的观念化联系。②

从语言文化学角度来说,我们只对那些说明文化特征的观念感兴趣,而文化是所有在与自然相对立的生活领域中人类成就的总和。严格来说,人既属于自然,也属于文化。如果除去自然成分,则剩下无实体的概念;如果除去文化成分,则剩下机体。就这方面而言,人所运用的所有观念——都是文化观念。如果说认知观念是含有一定内容的个人心智结构,构成与重建周围世界,文化观念则是含有一定内容的集体心智结构,代表相应文化的独特性。③

Воркачев(2002)认为,观念最重要的内部对立是认知单位与文化单位的对立,更确切地说,是语言认知观念与语言文化观念的对立。"从认知语言学角度,我们从人走向文化;而从语言文化学角度,我们是从文化走向人。"④

从现代语言文化学的角度,И. В. Зыкова 将"文化观念"定义为是"由文化决定的理想实质——文化价值信息的载体,该信息具有非口头上的符号表现。文化观念具有一定的内部结构,该结构由它与其他文化观念的系统性联系所决定。文化观念的特点是,因感受与理解世界的方式不同而特有的形成与发展过程,而且文化观念能够积累信息,甚至能够利用某些语言符号来对信息进行口头上的加工"⑤。

---

①Воркачев С. Г. Любовь как лингвокультурный концепт [М]. М.:«Гнозис», 2007:36.

②Маслова В. А. Введение в когнитивную лингвистику [М]. М.:Флинта•Наука, 2011:71—72.

③Карасик В. И., Прохвачева О. Г., Зубкова Я. В., Грабарова Э. В. Иная ментальность [М]. М.:Гнозис, 2005:29.

④Карасик В. И., Прохвачева О. Г., Зубкова Я. В., Грабарова Э. В. Иная ментальность [М]. М.:Гнозис, 2005:30.

⑤Зыкова И. В. Концептосфера культуры и фразеология:Теория и методы лингвокультурологического изучения [М]. М.:ЛЕНАНД, 2015:73.

第二章
"观念"系统的理论研究

语言文化观念（Лингвокультурный концепт/Л. К.）——假定的心智单位，指向对语言、意识与文化的综合研究（意识是观念的所在之处；文化决定着观念，即观念是文化客体成分的反射；语言和/或言语是观念实体化的结果）。原则上 Л. К. 的以下特点很重要：(1)存在的综合性（意识—文化—语言）；(2)心智属性（Л. К. 位于意识中，语言与文化的相互作用也在意识中实现，所以任何语言文化研究同时也是认知研究）；(3)承载者意识的局限（Л. К. 存在于个人/团体的意识中；不存在于该个人/团体意识中的任何成分都不能列入该个人/团体的观念结构中）；(4)价值（Л. К. 与其他心智单位的区别在于强调价值成分；观念的中心总是价值，因为观念为研究文化服务，而文化的基础正是价值原则）；(5)假定性与模糊性（说 Л. К. 是假定的单位是就其对意识进行划分以便研究而言的；Л. К. 独具模糊性，观念以某个意识的"强"点位中心被分组，从这个意识强点扩散开多个联想向量，其中最重要的联想向量构成了观念的核心，不那么重要的联想向量构成了观念的边缘）；(6)综合认知的趋势（研究 Л. К 时将以下内容作为一个不可割裂的统一体进行分析，如词的语言意义与百科意义、意识的朴素类型与科学类型成素、意识不同的模式化结构（框架、格式塔、图式、脚本、命题结构等）、对现实逻辑概念思维与形象思维的结果等）；(7)多入口（存在许多对某 Л. К. 诉诸语言的方式，即存在许多"进入观念的入口"）；对于语言文化学来说，把观念与个别的词或词义混为一谈是不贴切的；诉诸观念可以带有集中的（显性的）与分散的（隐性的）特点；(8)易变性（Л. К. 的结构不断地改变，因为人的外部世界与内部的价值系统不断改变）；(9)三层的语言体现（Л. К. 的存在，首先，是作为系统的潜力，即诉诸 Л. К. 手段的总和；其次，是作为主体的潜力，即保存在个体意识中的语言财富；第三，作为篇章的实现，即为了具体的交际而诉诸观念）。[①]

综上，我们认为，文化观念是某文化承载者知识的凝结，具有一定的语言形式表征，带有民族文化特征。

[①] Евсюкова Т. В., Бутенко Е. Ю. Лингвокультурология: учебник [M]. М.: ФЛИНТА·НАУКА, 2014:463—464.

俄语语言世界图景中的观念场
"ПАМЯТЬ"

2. 认知语言学中观念的研究方法

从认知角度研究的学者有 А. П. Бабушкин，Н. Н. Болдырев，Е. С. Кубрякова，И. А. Стернин 等。

从认知语言学的角度，Дж. Лакофф 和 М. Джонсон 认为，观念"支配人的思维，并且影响人的日常活动，甚至构成人的感觉、行为、对他人的态度"[①]。

Е. С. Кубрякова 从认知角度对观念进行了深入研究，她在《简明认知术语词典》中提到，观念是"我们意识与信息结构的心智资源或心理资源的单位，该信息结构反映了人的知识与经验；观念是记忆的、心智词汇的、观念系统的、大脑语言的、反映在人心理中整个世界图景的有效内容单位"[②]，观念的概念符合对某些含义的认识，人在思维过程中运用这些含义，这些含义以某些"认识量子"（кванты знания）的形式反映经验与认识的内容，反映整个人类活动及认识世界的结果。[③] 综上所述，最重要的是，在 Е. С. Кубрякова 看来，认知语言学将观念理解为"认识量子"，是人认识世界过程中的思维单位。

除此之外，Е. С. Кубрякова 还认为，观念独立于语言，"虽然只有一部分观念能够找到其语言的物质体现，但是最重要的观念正是在语言中得以编码"[④]，并且"只有一部分的观念具有语言表征，其他观念在心理上以特殊的心智表征来呈现，如形象、画面、图示等"[⑤]。

---

① Лакофф Д. Ж., Джонсон М. Метафоры, которыми мы живем Пер. с англ. Под ред. и с предисл. А. Н. Баранова [M]. М.：ЛКИ，2008：25.

② Краткий словарь когнитивных терминов под общей ред. Е. С. Кубряковой [Z]. М.：Издательство Московского ун-та，1996：60.

③ Кубрякова Е. С.，Демьянков В. З.，Панкрац Ю. Г.，Лузина Л. Г. Краткий словарь когнитивных терминов [Z]. М.：Филол. ф-т МГУ им. М. В. Ломоносова，1996：92.

④ Кубрякова Е. С.，Демьянков В. З.，Панкрац Ю. Г.，Лузина Л. Г. Краткий словарь когнитивных терминов [Z]. М.：Филол. ф-т МГУ им. М. В. Ломоносова，1996：92.

⑤ Прохоров Ю. Е. В поисках концепта [M]. М.：Флинта·Наука，2009：23.

第二章
"观念"系统的理论研究

针对 Е. С. Кубрякова 的观点，В. И. Карасик 等认为她对观念的定义强调了个人意识中关于世界与自身信息的保存与结构形成，这些信息的形式是认识知识与评价的一定结构。除此之外，Е. С. Кубрякова 亦强调了人意识会将信息从最初的感觉信号加工为不同类型的心智表征（形象、命题、框架、脚本等）。[1]

Е. Г. Беляевская 认为，从认知角度来说，对观念进行表征的"语言"可以被看作"一种独特的知识'包装'（包括关于世界的知识与关于语言系统的知识）与在交际过程中传达的思维内容"[2]。换句话说，观念的"语言"表征既包含语言内部的知识，也包含语言外部的知识。

Д. А. Галиева 认为，认知方法可以以脚本、框架形式来实现，它们是一定现实片段与典型情境的特殊模式，利用框架可以将存在于社会共同体该历史时期的关于客体或情境的知识作为一个整体来研究。[3] 也就是说，属于认知方法的脚本研究与框架研究必须在现实片段或情境中研究，脚本与框架具有典型性，因此通过对它们的分析可以得出共同的、典型的认知特征。

杨明天教授认为，观念包括：表达这个观念的抽象名词的①词根、词源揭示的初始含义；②反映在现代词典中的义项、核心成分；③格式塔；④（引起的）联想；⑤（反映的语言载体的）评价；⑥隐含成分；⑦认知脚本；⑧相关的（哲学、心理学、政治学、法学等）百科知识。广义的观念分析就是明确观念的以上内容的过程，其中的①②⑧项的内容，我们可以查阅已有的相关辞书和资料。其中的③④⑤⑥⑦项内容，需要我们根据表示观念的抽象名

---

[1] Карасик В. И., Прохвачева О. Г., Зубкова Я. В., Грабарова Э. В. Иная ментальность [M]. М.: Гнозис, 2005: 29.

[2] Беляевская Е. Г. Семантическая структура слова в номинативном и коммуникативном аспектах (Когнитивные основания формирования и функционирования семантической структуры слова) [D]. М.: МГЛУ, 1992: 3.

[3] Галиева Д. А. Концептуальное поле "Право и Закон" как основа учебного идеографического профессионально ориентированного словаря [D]. Уфа: Башк. гос. ун-т, 2000: 49—50.

俄语语言世界图景中的观念场
"ПАМЯТЬ"

词的最小上下文(述谓——限定等)、使用的上下文(包括篇章内容)来具体分析,加以明确。狭义的观念分析是,根据最小上下文(述谓——限定搭配)等来分析格式塔的过程。① 我们认为,以上各观念成素,即观念分析的途径,属认知语言学领域对观念进行的分析,且继承了 Чернейко 对观念进行格式塔研究的方法。

刘宏教授认为,一个完整的观念分析应由以下几个方面构成:(1)对于文化观念中心词(слово-концепт)进行词源分析;(2)分析各类词典对文化观念中心词的概念释义;(3)利用各类词典分析文化观念中心词常用的搭配关系;(4)分析文化观念中心词的隐喻性使用和搭配关系;(5)在整个观念域中分析文化观念关键词的构词聚合体;(6)分析相关文学作品中反映的该文化观念内容并得到全民族认可的内容集合;(7)通过各种试验方法得到的观念的区分性特征。②

另外,值得一提的是,观念、概念(понятие)、意义(значение)虽密切相关,但有所区别。

从心理语言学角度,Залевская(2001)认为,观念是"个体认识活动与交际活动中自发起作用的基本的知觉——认知——有效的构成物,该构成物具有动态性并服从于人的心理活动规律,因此该构成物(指观念——译者注)在一系列参数上都区别于概念与意义,概念与意义是从语言理论角度来说的科学描写的产物"③。对此观点,Ю. Е. Прохоров 与 В. И. Карасик 也表示赞同。

从认知语言学角度来说,观念、概念、意义也相互有别。观念"是概念的代替物(заместитель понятия),是对'可能意义(возможное значение)的暗示',是对人以前语言经验的反映",也就是说,"观念不同于集体的、被词

---

① 杨明天.观念的对比分析——以俄汉具有文化意义的部分抽象名词为例[M].上海:上海译文出版社,2009:75—76.

② 刘宏.俄语语言与文化:理论研究与实践探索[M].北京:外语教学与研究出版社,2012:164—165.

③ Прохоров Ю. Е. В поисках концепта [M]. М.:Флинта • Наука,2009:23.

典固定下来的义项,可被理解为是个体含义(индивидуальный смысл)"[1]。

简言之,从认知语言学角度出发,概念与意义均为科学的、纯语言的、稳定的,而观念可以以个体为载体,是知觉的、认知的、心理的、动态的。从认知语言学角度来说,意义是属于集体的词典释义。观念是概念的代替物,却不等同于概念。观念的承载者可以为个体。

针对观念分析的认知语言学方法与语言文化学方法,В. И. Карасик (2002)总结道,"研究观念的认知语言学研究方法与研究观念的语言文化学方法并非互不相容:作为个体意识中心智构成的观念是通往社会观念域的大门,归根到底即是通往文化的大门,而作为文化单位的观念是集体经验的定影,集体经验渐渐变为个体的财富。换句话说,这两种方法对于个体的各个向量不同:语言认知观念的方向是从个体意识到文化,而语言文化观念的方向是从文化到个体意识。它们和交际的生成模式与交际的阐释模式相对应,由此我们可知,划分向外运动与向内运动不失为一种研究手段,实际上,运动本身也是一种多维的完整过程"[2]。Т. В. Евсюкова 与 Е. Ю. Бутенко 指出,"尽管两门学科在解释观念上有所区别,但是两门学科观念分析的实质可以归结为确定形成民族意识的含义、促进或阻碍跨文化交际的含义"[3]。

综上各家观点,简言之,语言文化学中观念研究与认知语言学中观念研究的区别在于:前者是将观念作为文化单位、文化的凝结,文化观念面向某一民族或社会团体;而后者是将观念作为意识中的心智结构,而意识的主体是个体。认知观念与文化观念相辅相成,通过认知观念可以了解文化观念,文化观念又是认知观念的大背景和基石。

---

[1] Прохоров Ю. Е. В поисках концепта [M]. М. :Флинта • Наука,2009:24.

[2] Прохоров Ю. Е. В поисках концепта [M]. М. :Флинта • Наука,2009:25.

[3] Евсюкова Т. В., Бутенко Е. Ю. Лингвокультурология:учебник [M]. М. :ФЛИНТА • НАУКА,2014:109.

二、"观念场"研究

(一)"场性"研究方法作为语言学研究的一种重要方法

语言学中场性研究方法是基于语言单位系统性的一种方法。

语言学中"场"的理论出现在20世纪前30年,该理论的出现与这些学者有关,如 Ипсен,Порциг,Йоллес,Вайсгербер 等,他们阐释了不同层面语言单位间的含义联系与形式联系。① 通常认为,第一位使用术语"场"的学者为 Г. Ипсен,他认为场是词的总和,这些词具有共同意。② 而 Л. М. Васильев 则认为,场性理论的奠基人为德国学者 И. Трир,在其一系列著作中不仅研究了系统分析词汇的新原则,也在研究大量的事实材料时运用了这些原则。③

语言学中的"场"被定义为"语言单位(主要是词汇单位)的总和,这些语言单位被共同的内容所联结(有时候甚至是共同的形式标志),并表达了所指现象在概念上、物质上或者功能上的相似"④。

俄罗斯许多学者研究了语言场模式的类型(типология моделей языкового поля),如 Г. С. Щур,Ю. Н. Караулов,В. М. Павлов,З. Д. Попова,В. Г. Гак,А. В. Бондарко 等。

Л. М. Васильев 区分出三种基本的场类型:聚合场(парадигматические поля)、组合场(синтагматические)与综合场(комплексные)。聚合场下又分

---

① Слепнева М. И. Концептуальное поле vertu в "Опытах" Мишеля де Монтеня [D]. Санкт-Петербург:Санкт-Петербургский государственный университет,2008:15.

② Галиева Д. А. Концептуальное поле "Право и Закон" как основа учебного идеографического профессионально ориентированного словаря [D]. Уфа:Башк. гос. ун-т,2000:42.

③ Васильев Л. М. Теория семантических полей [J]. Вопросы языкознания,1971(5):105—106.

④ Сулиман Эльтайеб Эльзейн Эльтайеб Русское концептуальное поле ВЕРА(на фоне арабо-мусульманской лингвокультуры)[D]. М.:МГУ,2013:46—47.

出五小类:词汇语义组、同义反义类、语素、构词聚合体与词类。①

А. Н. Приходько 认为,场性理论研究的对象有三种:一组在意义共同性基础上(语义原则——"词汇语义场"),或在这些语言单位所实现的功能的共同性基础上(功能原则——"功能语义场"),或在结合这两个特征的基础上(功能语义原则——"词汇语法场")结合的语言单位。②

О. Г. Скворцов(2001)总结"场"的类型有:形态语义场(морфосемантические поля, П. Гиро)、联想场(Ш. Балли)、语法场、词汇语法场、组合场说(Порциг)、词源语义场(В. Г. Гак)、主题场、形式语义场、功能语义场、分散场(А. Мартине)、词素场、音素场、词汇场、构词场等。

除了以上类型的场,Н. А. Илюхина(1998)提出了联想语义场(ассоциативно-семантическое поле),并借助联想语义场形成了"конь-лошадь"的逻辑概念形象。还有逻辑语义场(логико-семантическое поле),场中具体的词汇手段处于自身各种各样的语义关系(同义关系、反义关系、构词关系等)中。③

另外,还有 В. В. Воробьев 提出语言文化场(лингвокультурологическое поле)。语言文化场由语言文化单位构成,是"具有共同不变意义的语言文化单位的集合",旨在揭示某一语言文化领域的共性特征,语言文化单位根据语言文化场内涵(场名)——区别性语义特征集合的要求,按照核心结构、中心结构、边缘结构的整体架构逐级分布,最终形成一个多层级的符号系统。④ 语言文化场包含语言内内容,也包含语言外内容,即文化内容。

在术语学中也存在"术语场"的概念,场内术语在共同的语义特征与功

---

① Васильев Л. М. Теория семантических полей [J]. Вопросы языкознания, 1971(5):108—113.

② Приходько А. Н. Концепты и концептосистемы [M]. Днепропетровск: Белая Е. А., 2013:177.

③ Галиева Д. А. Концептуальное поле "Право и Закон" как основа учебного идеографического профессионально ориентированного словаря [D]. Уфа:Башк. гос. ун-т, 2000:46.

④ 彭文钊,赵亮.语言文化学[M].上海:上海外语教育出版社,2006:70.

俄语语言世界图景中的观念场"ПАМЯТЬ"

能范围的基础上联结在一起①,如"观念""观念场""观念域""观念世界图景""观念化""去观念化""观念区""观念融合""观念组合"等可组成一个术语场。

综上所述,多数语言学家均承认观念场性结构的存在。场的理论表现在语言学的多领域中,因构成对象不同,而被赋予不同的场名。在场理论的范围内,运用最为广泛的是词汇"语义场"。在不同的研究成果中语义场有着不同的提法,如:"语义组"(семантические классы)(Васильев 1971)、"修辞场"(стилистические поля)(Крашенинников 1997)②,以及"含义场"(смысловые поля)(Аленькина 1995)、"词汇语义场"(Гутина 1997)、"语义功能场"(Развина 1996)等③。

Й. Трир 认为,场中的词只有在整体的结构中才能明确其自身的内容。词意义的历史发展在于对同一场的重新切分,在于对场内部词的重新配置;现代新洪堡特主义(неогумбольдтианство)的主要代表 Л. Вейсгербер 认为,每个词的意义都由它所处的相对于其他相关词的位置所决定,即由该词在场内的位置所决定;Б. Порциг 认为"语义场"是两个或更多词的组合。该组合是由某种句法联系决定的语义统一体,Б. Порциг 将该联系称为"本质关系"。这些词作为语义系统的最普通成员,组成了"基本意义场"(элементарные поля значений)/"基本含义场"(элементарные смысловые поля)。除此之外,Б. Порциг 提出,应对场内单独成员进行共时与历时的研究;А. Йоллес 认为,把词放入一组的标准是词之间存在的语义联系。相对于 Трир 所理解的常态

---

① Галиева Д. А. Концептуальное поле "Право и Закон" как основа учебного идеографического профессионально ориентированного словаря [D]. Уфа:Башк. гос. ун-т, 2000:46.

② Руднев Е. Н. Концептуальное поле "дом" в романе А. И. Эртеля "Гарденины" [D]. Калининград:Рос. гос. ун-т им. Иммануила Канта, 2009:18.

③ Сулиман Эльтайеб Эльзейн Эльтайеб Русское концептуальное поле ВЕРА (на фоне арабо-мусульманской лингвокультуры) [D]. М. :МГУ, 2013:48.

概念场，А. Йолллес 的语义场总是在不断改变、扩大之中。①

С. А. Кошарная 认为，语义场又因是一列词与词的特征，它们内部具有共同的语义特征，同时它们又因区分性特征的存在而有所不同。不同于观念场，语义场是纯粹的语言结构，它结合了意义上与概念上相近的词列（ряды），该语言结构也表征了语言词汇储备系统结构的存在。②

В. Н. Ярцева 认为，语义场存在共同的（完整统一的）语义特征，该特征联合了场内所有单位，并由概括性的词汇单位（архилексема）来表现。语义场内存在个别的（区分性的）特征，根据这些区分性特征场内单位得以相互区别。语义场的特点为多个词间的联系或多个词个别意义间的联系，这些联系具有系统性，词汇单位具有相互依赖性及相互确定性，具有对于语言中度承载者的明晰度及心理上的现实性。③

С. Г. Шафиков 认为术语"语义场"有两种含义：广义的与狭义的。广义而言，语义场是任何一个语言场，场的成分既可以用词汇表达，也可以用语法手段表达。这些场的成分既可以表征聚合结构、句法结构，也可表征混合结构。狭义上说，语义场是聚合场，它的成分只能用词汇单位来表达，包含成语层面的词汇单位，即语义场的成分用简单词汇与复杂词汇表达。④

由此可见，Ярцева 与 Кошарная 的观点相近，他们所指的语义场与Шафиков 所说的狭义的语义场相契合。尽管存在于人意识中的语言世界图景的一致性将观念场与语义场联系在一起，但是观念场与语义场也有所差别。关于语义场（狭义上的）与观念场的区别，我们将在下一小节对观念

---

① Тарасова О. Д. Анализ лингвокультурологического поля "эмоции" в сопоставительном аспекте：на материале английского и русского языков [D]. М.：Моск. гос. обл. ун-т，2009：38—43.

② Кошарная С. А. Национально-языковая личность как комплекс стереотипов [C]//Кошарная С. А. Славянские чтения-2006：сб. материалов обл. конкурса-фестиваля и науч. чтений. Ст. Оскол：Старооскол. фил. БелГУ，2006：18.

③ Ярцева В. Н. Лингвистический энциклопедический словарь [M]. М.：Большая Российская энциклопедия，2002：380.

④ Шафиков С. Г. Теория семантического поля и компонентной семантики его единиц [M]. Уфа：БашГУ，1999：42.

俄语语言世界图景中的观念场
"ПАМЯТЬ"

场介绍后进行论述。

(二)"观念场"研究综述

现阶段国内外对语言观念的研究,绝大多数是以对单独观念词的分析为主。但分析某一单独的观念,即使考虑到了该观念"言语化"的不同方式,也多少具有局限性(对不同单个观念的研究热,近期已经开始衰退,这与对所有观念,或者说所有观念中的大部分观念进行整合研究有关)。[①] 语言学研究中的场性研究方法给予了看待观念问题的新视角,观念场(концептуальное поле)相关研究应运而生。

目前有关观念场理论的研究主要以学位论文的形式为主。2003 年 A. B. Тананина 以"любовь"为语料首次尝试对观念场的研究;O. B. Мурадова 在其学位论文《Концептуальное поле СУДЬБА в современной русской лингвокультуре》中研究了观念场"СУДЬБА",并于 2008 年通过莫大语文系副博士学位论文答辩;Т. Г. Шишковская 撰写了《Концептуальное поле ДОБРО в русской лингвокультуре》,于 2008 年通过副博士论文答辩;同年,Ломоносова Ю. Е. 撰写了《Концептуальное поле 'Атмосферные явления' во французской языковой картине мира》;2013 年 Сулиман Эльтайеб Эльзейн Эльтайеб 在其副博士论文《Русское концептуальное поле ВЕРА (на фоне арабо-мусульманской лингвокультуры)》中,分析了在阿拉伯伊斯兰教语言文化背景下俄罗斯语言意识中的观念场"ВЕРА"。

下面我们将对观念场理论的主要观点按其时间顺序进行简要综述。

早在 1991 年 Н. Д. Арутюнова 就提出了在观念研究中使用场性研究方法的设想。"在研究世界观的观念过程中显示出(或有的可以直接看出),某些观念是如此紧密地相互联系,以至于对它们的阐释很快聚集于一个范围内。因此,必须对观念进行清晰的盘点,按照范畴(或场)将它们分类排列、评价分类原则、区分第一性概念与派生概念、确定它们的层次。"[②]

[①] Красных В. В. Основы психолингвистики: изд. 2-е, дополненное [M]. М.: Гнозис, 2012:217.

[②] Арутюнова Н. Д., Янко Т. Е. Логический анализ языка. Культурные концепты [M]. М.: Наука, 1991:4.

А. В. Тананина 认为,观念场是某一具体观念的观念成素内容,该内容组成某一空间,该空间的组成部分是形象或含义。观念场不运用意义,也不运用语义范畴,而是运用固定且表现在个人、集体认知意识中的心智范畴和形象。具有民族特征的观念场相互交叉、相互影响,共同组成了语言文化的观念空间。另外,开放性是观念场的重要特征之一,观念场处于不断的变化中,它的某一成素可能会被其他本质和功能相同的成素所替代,而且不同观念场的成素间可能会相互渗透。①

И. А. Тарасова 认为,观念场可以被看作一个综合的认知结构,该认知结构包括观念化的命题模式、换喻模式和隐喻模式。②

观念场从内容上说是民族文化"空间"的心智与符号区域,该区域集合了不仅是语言事实也是文化现实的多个观念。构成场的观念名与观念场的名称可重叠。③

Ю. Е. Ломоносова(2008)认为,观念场不是简单地按一定顺序排列的观念总和,而是相互联系、相互交叉的认知结构,在语言世界图景中这些认知结构通过不同的称名方式来表征。观念场包含若干的观念层,这些观念层反映了某一观念的发展过程,也反映了该观念与其他观念间的联系。然而,该观点具有一定的局限性,只考虑到了场内成员在历时角度上的层级分布,并未考虑到各成员在共时文化层面的特征。

根据 Руднев 的观点,观念场具有如下特点:核心观念与其他场内成员的紧密联系;可从共时与历时角度进行分析;以民族观念的传统与特征为支撑;具有基本文化与联想背景;具有本体论特征,这些特征决定了观念场

---

①Тананина А. В. Концептуальное поле "Любовь" и его представление в иноязычной аудитории [D]. М. :Гос. ин-т рус. яз. им. А. С. Пушкина, 2003:31—32.

②Тарасова И. А. Категории когнитивной лингвистики в исследовании идиостиля [J]. Вестник СамГУ, 2004(1):166.

③Кошарная С. А. Национально-языковая личность как комплекс стереотипов [С] // Кошарная С. А. Славянские чтения-2006:сб. материалов обл. конкурса-фестиваля и науч. чтений. Ст. Оскол:Старооскол. фил. БелГУ, 2006:18.

俄语语言世界图景中的观念场"ПАМЯТЬ"

在语言与篇章中的结构。①

据 А. Ю. Ключевская 的理解,观念场包括了核心观念的所有联想联系(如派生词等),所有同义、反义联系,也就是说,观念场是语义上相互联系的成素总和,这些成素受语言外因素决定,且在现实片段的共时和历时中显现。观念场是固定在世界图景语言单位中的内容范畴。它是一个体系性的结构,并作为独特的片段进入语言世界图景中。观念场也是一个大容量的复杂心智结构,场内相互联系的成素使该场的不同方面言语化。观念场的本质特征决定了它在语言和篇章中的结构;观念场的存在使场内核心观念与其他成素间的相互作用显现;观念场具有民族性;观念场以共同的文化及联想联系为背景。另外,А. Ю. Ключевская 还指出,"观念模型"的概念对于确定观念场结构的语义成素十分重要。对观念进行模型化"包括确定该观念语义的基本组成部分,以及确定这些组成部分间所有的稳定联系"。至于建立观念场的模型,则首先要分析称名核心观念的词汇,其次要分析形成该观念联想含义场的词汇。②

В. В. Красных 认为,不同观念互相进入一定的关系中(如 истина—правда, правда—ложь; судьба—доля—участь; кошмар—ужас—страх—боязнь—испуг 等),它们相互交织、相互渗透、相互叠加,形成了某些交叉和过渡的区域,这些观念组成了某种"观念连续体"(концептуальный континуум)。她把对观念场的研究看成是观念连续体,"观念场"是心智事实单位以及某一文化中以一定方式存在的人造物(文化准事物及文化事物)的总和,它们由某一共同的"思想"所联结,该"思想"属于世界图景的某一片段。③ 这里所指的某一共同的"思想",我们认为即为观念场核心观念词的不变意义。

---

① Руднев Е. Н. Концептуальное поле "дом" в романе А. И. Эртеля "Гарденины" [D]. Калининград: Рос. гос. ун-т им. Иммануила Канта, 2009:20.

② Ключевская А. Ю. Концептуальное поле «агрессия» как объект лингвистического исследования [J]. Известия Российского государственного педагогического университета им. А. И. Герцена, 2011(131):179.

③ Красных В. В. Когнитивная подсистема лингвокультуры: возможные пути исследования [J]. Язык, сознание, коммуникация, 2012(45):15.

第二章
"观念"系统的理论研究

观念场的表征可以是性质不同的现象:语言本身的、语言认知的、认知本身的,甚至可以是非语言的(экстралингвистические/артефактивные)。另外,把观念作为心智事实单位的一个特殊类别进行分析时,我们不能忽视它们(观念)组成的"空间"的连续性,应该把它们(观念)看成是它们所对应的观念场的表征。观念场具有多层的,准确地说,是多维度的结构,需要多层次、多级、综合的研究,这是由观念场表征现象的多样性本质所决定的。[①]

А. Н. Приходько 提出要区分两种不同的观念场,即微观观念场(концептополе микроуровня)与宏观观念场(концептополе макроуровня):可以将第一个理解为单独观念的个体场(идиополе),而第二个才是真正意义上的观念场(концептуальное поле 或 концептивное поле),该场包含了一定数量的同名观念。[②] 可以看出,实质上,А. Н. Приходько 所指的微观观念场与本书中所论述的单独观念的结构相对应,而 А. Н. Приходько 所理解的宏观观念场与本书所论述的观念场相契合。

М. Ю. Лебедева(2013)认为,观念场是相互联系、相互交叉的多个认知结构的系统。Т. В. Евсюкова 与 Е. Ю. Бутенко 认为,观念场是一系列按等级构建的观念,这些观念具有共同的含义成分。观念场可以以基础观念为中心构建,该基础观念在互文空间内进入与其他相邻观念的意义关系中。[③] 针对该观点,我们认为,该定义容易与语义场的概念相混淆,因为语义场的构建也是以意义为基础,语义场成员的意义间也存在互文性。

М. В. Пименова 认为观念场是早已形成并保存至今的民族世界图景,它被相似的知识所填充,这些知识反映了固定在语言中的民族世界观,观念场存在于传统民族文化之中。观念场的结构具有以下几个重要特征:(1)词汇的词源特征,它与该词的历史渊源及在语言中的生命力直接关联;(2)形象特征,通过某种组合关系显现;(3)概念特征,形成某种语义场;

[①] Красных В. В. Когнитивная подсистема лингвокультуры: возможные пути исследования [J]. Язык, сознание, коммуникация, 2012(45):16.

[②] Приходько А. Н. Концепты и концептосистемы [M]. Днепропетровск: Белая Е. А., 2013:177.

[③] Евсюкова Т. В., Бутенко Е. Ю. Лингвокультурология: учебник [M]. М.: ФЛИНТА・НАУКА, 2014:460.

俄语语言世界图景中的观念场
"ПАМЯТЬ"

(4)价值特征,或隐性地,或显性地反映某一民族的心智特点;(5)功能、象征特征,显示某观念的主要性质。[1] 除此之外,有的学者(Руднев 2009)认为,观念场等同于观念世界图景。但我们并不赞同将观念场看作民族世界图景或观念世界图景的观点,因为观念场存在于整个民族观念域中,比观念域更为具象,是一个中型的观念系统(上位系统为观念域,下位系统为观念、观念融合等),不能单独地反映整个民族世界图景的全貌;观念世界图景则是指向整个民族的单位。

下面我们将综合以上学者的观点,在与语义场相对比的背景下,阐释观念场的内涵。我们认为,语义场的单位是纯语言结构,狭义上说是在辞典意义上相互联系的一组词;观念场的单位是观念,由于观念本身就是语言内与语言外信息的结合,因此观念场既包括纯语言内部的信息,也包括语言外部的文化信息、认知信息。观念场是存在于民族观念域中的一组观念,观念词间具有语义联系,观念间也存在一定联想联系。如果说作为观念场单位的观念存在于人的意识中,那么观念场也存在于人的意识中。

除此之外,我们可以推断,如果单独的观念是以"点"的形式呈现(该点也是一个由内核与边缘构成的微型面),那么观念场就是以"面"的形式表达。

我们假设存在下列对应关系:

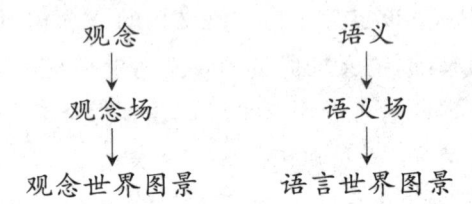

观念　　　　　语义
↓　　　　　　↓
观念场　　　　语义场
↓　　　　　　↓
观念世界图景　语言世界图景

在阐述观念场的表征之前,我们先了解观念的表征。在谈到观念的表征时,Ю. Е. Прохоров 总结各家观点,回答了"观念用什么来表达?(В чем концепт выражается)"的问题,指出观念的表达或形成是:

・图式、框架结构(Л. О. Чернейко, М. Р. Проскуряков, З. Д. Попова, В. В. Красных, М. Р. Желтухина)

---

[1] Пименова М. В. Образные и символические признаки луны в русской концептосфере [C] // Пименова М. В. Концепт и культура: Материалы III Международной конференции. Кемерово: Кузбассвузиздат, 2008:294—295.

- 相应词的意义与该词联想、伴随意义的综合体(Д. С. Лихачев，Рябцева)
- 关于客体的一切(В. Н. Телия)
- 母语的范畴与形式(В. В. Колесов)
- 现成的词汇、成语性词组、自由词组、句法结构、篇章、篇章总和(А. П. Булатова，Н. Н. Панченко，З. Д. Попова，Т. А. Фесенко，Р. Д. Сафарян，Т. В. Матвеева)
- 词(С. А. Аскольдов，Н. В. Черемисина)
- 词根(Е. И. Зиновьева)
- 语言手段与非语言手段的总和(В. И. Карасик)[①]

  Прохоров 所回答的"观念用什么来表达？"问题，实质上是说明了观念如何表征/客体化的问题。观念最主要的表征方式就是语言手段。正如 Кубрякова 所说，"最重要的观念正是在语言中被编码"。也有的研究者认为，观念(1)表现在不同类型语篇中起作用的语言手段本身中(в собственно языковых средствах);(2)表现在语言承载者的元语言反射中(в метаязыковой рефлексии носителей языка);(3)表现在非语言符号系统的符号与篇章中(в знаках и текстах неязыковых семиотических систем)。第一种表现符合将观念理解为用语言表达的单位;第二种表现符合将观念看作思维与认识的单位(或看作朴素世界观的单位);第三种表现符合将观念定义为符号单位、文化单位。这样对观念表征手段(средства репрезентации концепта)的认识决定了对观念分析方法的选择。[②]

  至于观念场的表征，В. В. Красных 认为，"观念场"的表征方式/表征物不仅仅是语言单位，还应该包括各种各样的心智事实单位、不同的人造物、自然事物和现象等，其中心智事实单位包括进入该观念场的知识、概念、观念、意象(先例现象、定型、神灵、第二性世界的人造物)。[③] 因此，在分析本书研究对象观念场"ПАМЯТЬ"的表征时，我们将从其语言层面的表征以

---

① Прохоров Ю. Е. В поисках концепта [M]. М. : Флинта • Наука，2009:21.

② Лебедева М. Ю. Концептуальное поле "Детство" и его репрезентация в русском языке [D]. М. : Государственный институт русского языка，2013:27—28.

③ Красных В. В. Когнитивная подсистема лингвокультуры:возможные пути исследования [J]. Язык，сознание，коммуникация，2012(45):16—17.

及非语言层面的表征("外化的记忆")入手。

(三)观念系统中"观念场"与其他观念单位的关系

1."观念场"与"观念域"的关系

观念作为人意识中对周围现实现象的投射,不能独立于其他类似于自己的单位而存在,观念形成一个统一的系统,该系统的成素相互影响,建立了长期的联系。①

20世纪90年代,Д. С. Лихачев 在与 В. И. Вернадский 提出的"智力圈"(ноосфера)、"生物圈"(биосфера)等概念进行类比时,提出了"Концептосфера"的概念。

Д. С. Лихачев 提出了三种观念域:语言观念域、文化观念域、个性观念域。目前对观念域的众多研究,实质上都是对某一类型观念域的描写,但无论是哪种观念域,都离不开其作为观念总和的本质特征。观念域是"在个人或整个语言的词汇储备中发掘出的潜能总和"、"词语意义潜力的观念总和"(1999),是"一个民族文化观念的总和"②。

Лихачев(1993),Попова 与 Стернин(2001),Кошарная(2002),Соколова(2003)等学者均认为,观念域是民族意识中被范畴化了的、被加工了的、标准化的观念的总和。③

В. А. Маслова 认为,观念域是"在语言中传达文化的多个观念的总和"④。Карасик 亦曾明确指出,观念的总和构成了某一民族与相应语言的

---

① Шейгал Е. И., Арчакова Е. С. Тезаурусные связи и структура концепта [C] // Шейгал Е. И., Арчакова Е. С. Язык, коммуникация и социальная среда. Вып. 2. Воронеж:ВГТУ,2002:19.

② 刘宏. 跨文化交际中的空缺现象与文化观念研究[J]. 外语与外语教学,2005,196(7):40.

③ Евсюкова Т. В., Бутенко Е. Ю. Лингвокультурология:учебник [M]. М.:ФЛИНТА·НАУКА,2014:109.

④ Маслова В. А. Когнитивная лингвистика:учеб. пособие [M]. Минск:ТетраСистемс,2008:82.

观念域,它们与语言世界图景有着直接的关系(Карасик 2002)。[①]

由此可见,观念域的聚合性并不是指对某些观念的聚合,而是指向观念的总和(совокупность)。

其次,观念域带有民族文化特征。А. Н. Приходько 指出,"观念域不是某单独语言个性的精神财富,而是该语言个性所属的整个民族的精神财富"[②]。

Л. Д. Лихачев 认为,语言观念域实质上正是文化观念域;民族语言观念域的丰富程度直接取决于整个民族文化、民族文学、民间创作、科学、造型艺术等丰富程度,并且与整个民族的历史经验和宗教相对应。[③] 这里所指的文化观念域就是文化域(культуросфера),那么进一步说,在 Лихачев 看来,语言观念域、文化观念域、文化域三者同一。

Т. В. Евсюкова 与 Е. Ю. Бутенко 认为,在语言文化范围内,观念是词汇文化含义的总和,是对现实某现象民族认识的实体化。观念作为"含义的凝结"(Ю. С. Степанов)存在于语言文化空间(лингвокультурное пространство)之中,文化空间在语言观念学中以观念网(сетка концептов)的形式呈现,观念网涵盖在语言文化之上,即为观念域。观念域是语言意识中固定表达语言文化的方式之一。观念域是范畴化语言文化信息空间的手段,是理解语言文化的独特钥匙。[④] 把语言文化形容成观念域的形式,我们将得到语言文化的一个等级系统,该系统要求借助于其他观念来对其观念(语言文化的组成部分)进行分析。[⑤]

俄罗斯文化域(Русская культуросфера)、俄罗斯观念域(русская

[①] Прохоров Ю. Е. В поисках концепта [M]. М. :Флинта•Наука,2009:24.

[②] Приходько А. Н. Концепты и концептосистемы [M]. Днепропетровск:Белая Е. А. ,2013:173.

[③] Лихачев Д. С. Концептосфера русского языка [J]. Известия РАН. Серия литературы и языка,1993(1):8.

[④] Евсюкова Т. В. ,Бутенко Е. Ю. Лингвокультурология:учебник [M]. М. :ФЛИНТА•НАУКА,2014:109.

[⑤] Евсюкова Т. В. ,Бутенко Е. Ю. Лингвокультурология:учебник [M]. М. :ФЛИНТА•НАУКА,2014:122.

俄语语言世界图景中的观念场
"ПАМЯТЬ"

концптосфера)、俄罗斯文化观念域（концепосфера русской культуры）、民族观念域（национальная концептосфера）、民族观念域（концептосфера нации）均为同义表达。①

因此，我们有理由认为，可以把语言文化看作观念域，该观念域由按一定等级排列的多个观念构成。如下关系列：

语言文化 → 观念域 →（按等级排列的）观念

此外，观念域具有符号性。В. Н. Телия 的弟子——俄罗斯科学院语言研究所 И. В. Зыкова 教授在其专著《Концептосфера культуры и фразеология》中指出："文化观念域（Концептосфера культуры）是一个复杂的系统结构，由观念上有序的价值信息所构建，这些信息通过认识某一共同体而获得，并且（这些信息）具体体现在大量性质不同的非语言符号中，这些非语言符号组成了既相互联系又各异的符号域。文化观念域的符号表征范围相当广泛：从日常活动（或日常生活）的符号延伸至最复杂的艺术符号（音乐、舞蹈、戏剧、电影等），甚至延伸到社会关系（国家、家庭、法制等）中。根据该阐释，文化观念域是不同于自然语言的符号系统。"②

观念域具有一定的结构（структура концептосферы）。根据 Т. В. Евсюкова 与 Е. Ю. Бутенко 的观点，多个观念空间、不同类型的观念均进入观念域的结构，理解与观察世界的方式是这些观念的基础。观念域作为一个场性结构，日常观念空间（обыденное концептуальное пространство）构成了其核心，艺术观念空间（художественное）、科学观念空间（научное）等构成了观念域的各个层级（Карасик 1997；Красавский 2000）。③

根据在观念域承载者意识中观念的地位，可将民族观念域的结构分为下列区域（зоны в структуре национальной концептосферы）：（1）核心（ядро）。包括关键观念（ключевые константы）——文化常量（константы

---

①Зыкова И. В. Концептосфера культуры и фразеология：Теория и методы лингвокультурологического изучения [М]. М. ：ЛЕНАНД，2015：33.

②Зыкова И. В. Концептосфера культуры и фразеология：Теория и методы лингвокультурологического изучения [М]. М. ：ЛЕНАНД，2015：324.

③Евсюкова Т. В. ，Бутенко Е. Ю. Лингвокультурология：учебник [М]. М. ：ФЛИНТА·НАУКА，2014：110.

культуры),即那些长期在语言文化中起作用的观念,这些观念存在于杰出的与普通的语言文化承载者的语言世界图景中,并且明显地展露出民族世界观的特征,即价值观念(концепты-ценности)。如 FREEDOM, ECONOMY, INDIVIDUALISM, CONSERVATISM, CLASS, EMBARRASMENT, STOICISM 属于英国语言文化的核心观念,而在俄语文化中 ДУША, ТОСКА, СУДЬБА, РОДИНА 等价值观念起到文化常量的作用。(2)临核心区域(приядерная зона)(中心区域 центральная зона)。包括面向现实中最重要现象的所有基本文化观念(базовые концепты),这些基本文化观念对民族语言文化的普适成分与具有民族特点的成分进行编码。基本观念在概念特征上最为普适,但是它们的形象成素、价值成素、联想成素以及词汇化手段在不同的语言文化中有所不同。ВРЕМЯ, ДРУЖБА, СЧАСТЬЕ, МАТЬ, ДЕНЬГИ 等在传统意义上属于任何一个语言文化的基本观念。HUMOUR, FAIR PLAY, WEATHER, COMMON SENCE, SPORT 等为英国语言文化中的基本观念,这些基本观念是核心价值观念的含义"延伸"。(3)边缘(периферия)——包括个人的或作者的,以及对于文化认同来说不那么重要的观念。作者观念(авторские концепты)的形象联想场在某位作家的众多作品中被广泛地以不同形式被物化。作者观念虽然未进入观念域的中心区域,但对于认识作者的艺术世界图景(художественная картина мира автора)来说具有重要意义。如作家 В. Найпол 的观念 MIMIC (ПРИТВОРСТВО)(Naipaol «The Mimic Men»), С. Есенин 创作中的 БЕРЕЗА 就在其作者语言世界图景中获得了详细且鲜明的认识,在民族观念域中 БЕРЕЗА 接近边缘位置,但 БЕРЕЗА 的上义大观念 РОДИНА 则进入俄罗斯观念域的核心。观念域的边缘区域是不断发展的动态区域。而核心区域以及中心区域的特点是信息容量相对有限,因为这两个区域包含着对整个民族团体来说十分重要的价值观与思想。[①]

综上所述,我们可以得出结论,"观念场"(концептуальное поле/концептополе/КП)与"观念域"(концептосфера/концептуальная сфера/

[①] Евсюкова Т. В., Бутенко Е. Ю. Лингвокультурология: учебник [M]. М.: ФЛИНТА · НАУКА, 2014:110—111.

俄语语言世界图景中的观念场
"ПАМЯТЬ"

КСф）密切相关：无论是"观念域"还是"观念场"，二者均建立在观念间相互联系的基础上。正如"语言中不存在语义关系完全孤立的词语，每个词都与其他许多词的意义有着成百上千的联系"，"在语言系统和语言承载者的语言意识中词汇的共同系统性、词典的语义连续性是观念间联系的相似现象"①。然而，观念场与观念域在本质上却不同。观念域是在语言文化大背景下的范畴，它指向整个民族文化，是民族观念的总和。观念域具有一定结构（核心、中心、边缘），并由语言符号与非语言符号表征。因此，常见有"национальная концептосфера"（民族观念域）的表达，而民族观念域的承载者正是该语言文化共同体的全体成员。再例如"Образ Бога в концептосферах европейской и восточной лингвокультур"（欧洲语言文化观念域与东方语言文化观念域中的上帝形象）。而观念场比观念域的范围小且具象，是观念域的组成部分。观念场是由一组相互联系的观念构成的链条，在实质上与 B. B. Красных 教授所理解的观念场，即"观念连续体"（концептуальный континуум），相吻合。

最后值得一提的是，"Концептосфера"的汉语翻译问题。国内有的学者将其翻译为"观念域"，有的学者将其翻译为"观念阈"。我们采取"观念域"的译法，原因如下。

在俄语释义词典中，"сфера"的第一义项为：

Область, пределы распространения *чего-н*.（范围、某物扩展的界限）②

从上文中我们对"концептосфера"内涵的认识中可知，"сфера"应该指出的是一个"圈"、一个范围。

在中国社会科学院语言研究所词典编辑室所编著的《现代汉语词典》中"域"与"阈"的释义如下：

域：1. 在一定疆界内的地方；疆域：区～|异～|～外|绝～ 2. 泛指某种范围：境～|音～ ③

---

① Караулов Ю. Н. Общая и русская идеография［M］. M.：Наука，1976：75.

② Ожегов С. И., Шведова Н. Ю. Толковый словарь русского языка：80 000 слов и фразеологических выражений［Z］. M.：А ТЕМП，2006：782.

③ 中国社会科学院语言研究所词典编辑室. 现代汉语词典：第5版［Z］. 北京：商务印书馆，2005：1669.

阈:〈书〉门槛儿,泛指界限或范围:视～|听～①

虽然现代汉语词典中"域"与"阈"均可表达一定的范围,但各有强调的重点。"阈"的第一义项,即本意为"门槛儿"且为门字框,如《玉篇》中有"阈,门限也"的语句。也就是说,"阈"强调的是界限本身。"域"的第一义项,即本意为"一定疆界内的地方",且为土字旁,强调的是空间内的范围。

《现代俄汉双解词典》中"сфера"第一义项(область, пределы распространения чего-н.)汉译为"领域、范围、圈"②。在 З. И. Баранова 与 А. В. Котов 主编的俄汉词典中 сфера 表"область"的义项翻译为"范围、领域"③。可见,以上俄汉词典中均对"сфера"采取了"域"的译法。

除此之外,就词源来讲,"域"本作"或",与"国"同义(百度百科),这与我们所理解的"Концептосфера"的民族性内涵相一致。综上所述,我们在本书中对"Концептосфера"采取"观念域"的译法。

2. "观念场"与其他观念系统单位的关系

人们普遍认为观念域是观念系统中容量最大的单位,它包含一定的下级系统。但针对观念系统的内部划分存在着不同的看法。

А. Н. Приходько(2013)认为存在五种观念单位,分别是观念域、观念场、观念的话语结构(дискурсивные конфигурации концептов/ДКК)与个体观念结构(Идиоконфигурация концептов/ИКК),以及构成它们的观念。观念场是中层的系统结构,因为在它的基础上产生另一种观念单位——观念的话语结构,它由多个属于不同观念场的观念构成。观念的话语结构实质上是跨场的观念结构,它与一定情景有关,出现在相应的交际环境中。④其中,КСф 是由多个系统构成的大系统(система систем),КП, ДКК 与

---

① 中国社会科学院语言研究所词典编辑室. 现代汉语词典:第5版[Z]. 北京:商务印书馆,2005:1670.

② 张建华,等. 现代俄汉双解词典[Z]. 北京:外语教学与研究出版社,1992:1047.

③ Баранова З. И. , Котов А. В. Русско-китайский словарь:Ок. 40 000 слов [Z]. М. :Рус. яз. , 1990:479.

④ Приходько А. Н. Концепты и концептосистемы [M]. Днепропетровск: Белая Е. А. , 2013:173.

**俄语语言世界图景中的观念场
"ПАМЯТЬ"**

ИКК 是 КСф 的下位系统（подсистемы）。

Приходько А. Н. 以如下表格①的形式说明了观念系统与其他观念系统单位间的区分性特征：

Концептосфера (КСф)	Концептополе (КП)	Дискурсивная конфигур-ация концептов (ДКК)	Идиоконфигур-ация концептов (ИКК)
具有民族特点的语言文化心智单位的总和	КСф 的一部分，负责构建一定的认知语义空间	КСф 的一部分，负责构建一定的社会话语空间	为单独个性所特有的观念总和
由多个系统构成的大系统（系统客体②）	КСф 的下位系统（属于同一列的客体系统）	КСф 的下位系统（属于不同列的客体系统），不同场的一组相关观念	
受系统性制约的观念总和	稳定的一组观念	相对稳定与/或受情境制约的一组观念	受个体制约的观念总和
类型与语义上相同或不同的观念总和	类型与语义上相同的观念	类型与语义上相同或不同的观念	
包含 КП 与 ДКК	按照包容性原则（包含）进入 КСф	按照附属（∈）原则，以 КП 为途径进入 КСф	
多数、完整性、关联性、结构性	观念的等级有序性	与情境有关的有序线性观念	观念的无序系统
包含观念库（концептокорпус）	构成观念库	借助观念库	

我们将该种观念系统的划分方案简示如下图表，鉴于 ИКК 因个体所持观念容量的动态性与不确定性，在下列图表中未将其列入其中：

	观念系统的单位	容量（由大到小）
上层	КСф 系统	
中间层	КП 系统、ДКК 系统	↓
下层	К.	

---

① Приходько А. Н. Концепты и концептосистемы [M]. Днепропетровск: Белая Е. А., 2013:174.
② 指观念——作者注。

KCф 观念域/民族观念域

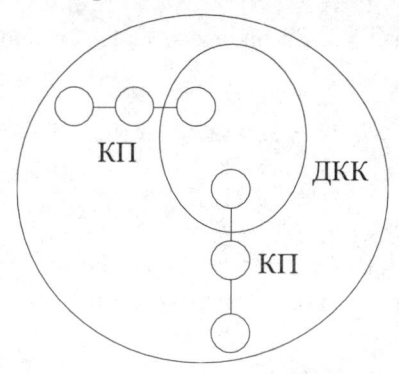

Т. В. Евсюкова 与 Е. Ю. Бутенко 对观念系统的结构持另一看法，他们认为，观念系统包括观念域、观念区（концептуальная область）、观念场、观念融合（концептуальные сращения）、观念组合（концептосочетание）与观念。六者形成一个统一的层级结构，观念域是语言文化大背景下的最大范畴，观念区、观念场、观念融合、观念组合、观念均为观念域的片段，它们的容量依次递减。

观念域是一个变化的含义系统，其中的观念场相互渗透，并且观念从一个场转移到另一个场。观念域是语言文化的抽象实现，对观念域的片段研究可以通过将观念域切分为观念、观念场、观念融合等来变得容易。[①]

如果研究语言文化的某一区域，则可利用"观念区"的概念，观念区内部结合了反映周围世界某一平面的多个观念。观念区是观念域中最大的结构，并且在观念区的范围内可以再划分出主题独立且与该观念区含义重合的观念场。范畴"观念场"反映了观念域中观念的延伸过程，以及这些观念的含义特点。术语"观念组合"与"观念融合"则显示出观念间含义的交叉区域以及填充它们的文化含义的独特性，该独特性在将两个含义相近的两个观念重叠时最为明显。可以将观念间的固定关系（константное соотношение концептов）称为观念融合。另外，可利用观念组合来指出语言

[①] Евсюкова Т. В. , Бутенко Е. Ю. Лингвокультурология: учебник [M]. М.: ФЛИНТА·НАУКА, 2014: 113.

俄语语言世界图景中的观念场 "ПАМЯТЬ"

文化层面上观念间的任何一种关系(любое соотношение концептов)。[①]

综上所述,我们将 Т. В. Евсюкова 与 Е. Ю. Бутенко 对观念域结构单位的观点总结如下图:

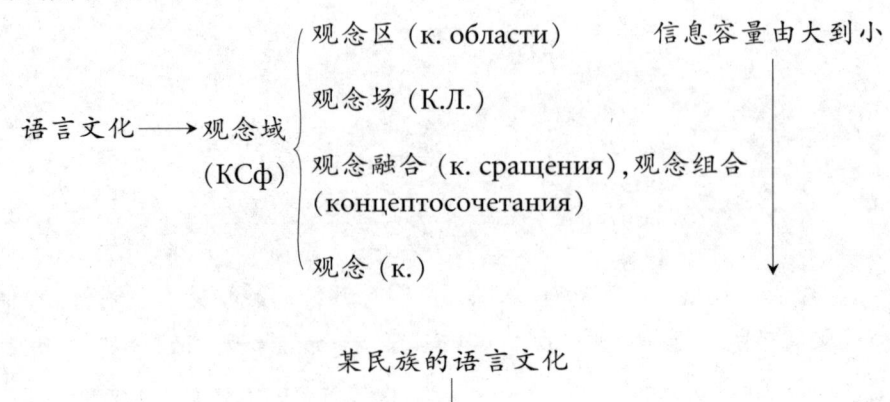

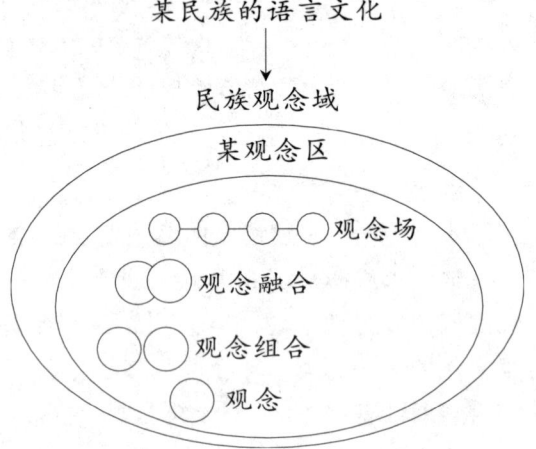

$$语言文化 \longrightarrow 观念域(КСф) \begin{cases} 观念区(к. области) \\ 观念场(К.Л.) \\ 观念融合(к. сращения),观念组合(концептосочетания) \\ 观念(к.) \end{cases} \Bigg\downarrow 信息容量由大到小$$

（某民族的语言文化 → 民族观念域 → 某观念区：观念场、观念融合、观念组合、观念）

综合以上两种关于观念系统结构的观点,我们认为,А. Н. Приходько 的划分提出了观念的话语结构,考虑到了语言外的交际情境因素,比较全面。但是,其划分的标准不统一,有的是按照观念的承载者来划分(如民族观念域、个体观念结构),有的则是按照观念范围的大小来划分(如观念场),不能一以贯之的划分标准使观念域的内部结构显得混乱。而 Т. В. Евсюкова 与 Е. Ю. Бутенко 基本上是按照单位结构的容量大小来划分的观念系统,因此我们比较赞同他们的分类方式。

[①] Евсюкова Т. В., Бутенко Е. Ю. Лингвокультурология: учебник [M]. М.: ФЛИНТА · НАУКА,2014:123.

第三章
观念场"ПАМЯТЬ"

一、作为俄罗斯文化常量的观念"память"及其研究综述

本小节我们将介绍希腊神话中与记忆、忘记相关的神话形象,记忆在语言学中的重要地位,观念与记忆、语言与记忆的密切关系,以及"память"的研究综述。

Л. О. Чернейко 曾指出,包含玄妙概念的抽象名词属于神话题材成分(мифологемы),即属于对想象力的认识,本质上属于联想。[①] 人们对"记忆"的关注可以追溯到古希腊,希腊神话学赋予西方文化两个与记忆、忘记相关的神话形象——Мнемозина 与 Лета。罗马帝国时代的古希腊地理学家保萨尼阿斯在其著作中记载,希腊玻俄提亚地区的特罗福尼俄斯洞附近有两眼名泉,一个叫谟涅摩叙涅泉(记忆泉),另一个就叫勒忒泉(遗忘泉)。

Мнемозина 或 мнемосина(希腊语 Μνημοσυνη、英语 Mnemosyne),译为"谟涅摩叙涅"或"摩涅莫绪涅",在罗马她也被称为摩涅塔(Moneta)。谟涅摩叙涅是希腊神话中的记忆女神,也存在其他说法,认为她是司记忆、语言、文字的女神,十二提坦之一。关于谟涅摩叙涅的身世有着不同的观点:根据赫西俄德的《神谱》记载,她是天空之神乌拉诺斯和大地女神盖亚的女儿,宙斯的情人之一,为九位文艺女神(九位缪斯)之母;许癸努斯则称她为挨忒耳(俄刻阿诺斯)与盖亚所生。

在古代艺术作品中,谟涅摩叙涅通常被塑造成一个支着下巴沉思的女子

[①] Чернейко Л. О. Лингво-философский анализ абстрактного имени [M]. М.:МГУ им. Ломоносова,1997:288.

> 俄语语言世界图景中的观念场
> "ПАМЯТЬ"

形象，一般情况下她与众缪斯的形象一起被塑造，但偶尔也会有她的单人雕塑。除此之外，人类发现的第 57 颗小行星"忆神星"（Mnemosyne）的名字亦来自谟涅摩叙涅。

① *Их музой является **Мнемосина**, богиня памяти, и хоровод девяти муз-покровительниц изящных искусств от них далек.* (И. Якушев)

她们的缪斯是记忆女神谟涅摩叙涅，而九位艺术守护神——九位缪斯离她们很遥远。

② *Но **Мнемосина** была матерью всех остальных муз...* (И. Якушев)

但谟涅摩叙涅是其他所有缪斯之母……

③ *Память—**Мнемосина** является как бы старшей из Муз, память—родоначальница всех искусств.* (М. А. Волошин)

记忆女神谟涅摩叙涅好像是缪斯女神中最年长的一位，记忆是所有艺术的鼻祖。

另一个神话形象 Лета，意为"勒忒河、忘川"，是希腊神话中冥府的河流，亡灵喝了该河水就会忘记以前在人世间的一切。

(1) *И **память** юного поэта*

*Поглотит медленная **Лета**,*

Забудет мир меня. (Пушкин)

缓缓流动的忘川将吞没对年轻诗人的记忆，世人将把我忘却。

(2) *Твоих друзей не **канут в Лету** бесчисленные имена.*

Ведь их мечта, как эстафета,

Тебе, живому, вручена. (М. Дудин)

你那无数朋友们的名字永远不会被遗忘。要知道他们的理想，犹如接力棒，已经传到你这生气勃勃的人手上。

(3) *Вечная река **Лета** течет незаметно, но уносит нас она неотвратимо, безостановочно...* (Б. Кушнер)

永恒的忘川虽悄无声息地流动，但它正一去不复返地带走我们，时刻也不停歇……

除此之外，还有"Тиресия"形象，他是由众神挑选出的双性盲人预言

第三章
观念场"ПАМЯТЬ"

家,永远拥有不灭的记忆。

下面我们将介绍记忆在语言学中的重要地位,这正是我们选取记忆为研究对象的根本原因。

"память"不仅是神经生理学、哲学、文学、社会学的研究对象,同样也是语言学的研究对象。正如 А. А. Зализняк 所说,记忆的重要性也有其语言学基础,语料,特别是俄语语料,证明了记忆是一个核心系统,其他人类高等的神经行为,如认识(знание)、思维(мышление)、知觉(восприятие)(包括视觉)、行为(действия)、言语(речь)、各种情感(эмоции)都与记忆相联。①

从认知语言学角度来说,记忆与注意力被认为是"认知结构的主要成素"②。Е. С. Кубрякова 在分析神经生理学数据的基础上,得出结论:"记忆机制实质上与人类思维活动的所有过程都相关。"③从语言文化学角度来说,记忆是个人自我认同以及民族自我认同的重要指标,关于这一点,我们将在下文中具体论述。

汉语中"记忆"的释义为:(1)记住或想起;(2)保持在脑中对过去事物的印象。④ 从构形上来说,"记忆"由两个词素构成:"记"(запоминать;помнить)与"忆"(вспомнить)。"记"的偏旁"讠",意为"言"——"язык/речь",与语言、言语相关,右边"己",意为"自己"——"сам"。"忆"的偏旁"忄"与人的心理有关 ——"душа/сердце/психика"。由此可见,记忆与主体人的语言、言语和心理均紧密相连。

---

①Зализняк А. А. Концептуализация памяти и забвения в русском языке [C] // Соловьев В. Д. Когнитивные исследования. М. :Институт психологии РАН , 2008:485.

②Краткий словарь когнитивных терминов под общей ред. Е. С. Кубряковой [Z]. М. :Филол. ф-т МГУ им. М. В. Ломоносова, 1997:13.

③Кубрякова Е. С. Язык и знание. На пути получения знаний о языке: части речи с когнитивной точки зрения. Роль языка в познании мира [M]. М. :Языки славянской культуры , 2004:361.

④Словарь современного китайского языка. Под руководством Комнаты редактирования словарей Института языков Китайской академии общественных наук:6-е изд. [Z]. Пекин:Деловая пресса , 2012:612.

俄语语言世界图景中的观念场
"ПАМЯТЬ"

观念与记忆本身的关系值得关注。Карасик 认为,"观念是一种心智构成,它是保存在人记忆中的有意义的、能够被意识到的典型化经验片段"。而 Слышкин 认为,"观念是人对现实经验认知结果'退化成'记忆的过程,也是将经验认知结果与先前掌握的宗教、意识形态、艺术中所反映的主流文化价值相关联的过程"[①]。

Карасик 对观念的定义强调了观念保存在人的记忆中,即记忆是观念的储存处,这在一定程度上也暗示了观念指向过去;Слышкин 则指出了观念与集体记忆相关,观念具有文化属性。

因此,我们有理由认为,作为"意识中文化凝结"的观念,本质上是一种带有文化特征的民族记忆。

语言与记忆的关系也十分密切。记忆与语言的主体均为人。Ревзина 认为人将语言中所包含的世界知识"保留在记忆中,从而形成了人的世界图景","语言是记忆的印记,是记忆的符号"[②]。可以说,民族语言的形成是民族记忆的沉淀,也是民族记忆的一种表征。

记忆对人类生活具有重要的作用,没有记忆,人就无法正常的存在。记忆以自己的方式划分时间与空间,并承载以语言表征的知识与以非语言表征的知识。对于个人来说,记忆中保存着过去经验,它影响人现在与将来的价值判断、言语、日常行为等;对于民族来说,民族共同的集体记忆是民族自我认同的重要参数。这些所有的记忆特征均围绕着其主体——人而存在。

如下诗句:

*Лежит **во мне** одно **воспоминанье**.*(А. А. Ахматова)

我内心之中躺着一个记忆。

该诗句出自俄罗斯女诗人 А. А. Ахматова 的诗歌《Как белый камень в глубине колодца》。诗人将记忆看作一种处于人内心世界中的事物。也就

[①] 赵爱国. 当代俄罗斯人类中心论范式语言学理论研究 [M]. 北京:北京大学出版社,2015:237.

[②] Ревзина О. Г. Память и язык [J]. Критика и семиотика,2006(10):10—16.

第三章 观念场"ПАМЯТЬ"

是说,记忆本身存在于人意识空间内。将人的内心或意识看作一个空间——"колодец"(井),而某回忆被隐喻为处于该井内的"белый камень"(一块白色的石头)。

学界对记忆的研究历来已久,本小节最后我们将对记忆的研究概况按照时间顺序简要介绍如下:

1925 年法国社会学家 Морис Хальбвакс 在其专著《Социальные рамки памяти》中指出人类对事实的记忆受一系列参数制约,并从社会学角度分析了社会集体的记忆过程。

1935 年苏联心理学巨匠 П. П. Блонский 在其所著的《Память и мышление》一书中从心理学角度区分出四种类型的记忆——初始记忆、情感记忆、形象记忆和言语记忆,并把它们看作人类心理发展的四个连续阶段。

在 1997 年出版的《简明认知术语词典》中,Е. С. Кубрякова 等学者认为,"认知结构(архитектуры когниции/А. К.)的主要成素通常为记忆与注意力"①。

Ю. М. Лотман(1992,2000)从符号学的角度对记忆进行了分析。Лотман 指出文化就是"集体心智与集体记忆,即文化是一个保存与传达某些信息(篇章)的超个体机制,也是处理新信息的超个体机制"②。除此之外,Лотман 也对文化记忆做出了详细阐释。

2004 年 Ян Ассман 在专著《Культурная память: Письмо, память о прошлом и политическая идентичность в высоких культурах древности》中主要分析了对过去的记忆在构建文化自我认同时所起到的重要作用。

2004 年出版的俄译本《Память, История, Забвение》中,法国哲学家 П. Рикер 从现象阐释学的角度分析了与记忆、忘记现象相联系的历史问题,并指出记忆与忘记现象为人的主观性所特有。

---

① Краткий словарь когнитивных терминов под общей ред. Е. С. Кубряковой [Z]. М.: Филол. ф-т МГУ им. М. В. Ломоносова, 1997:13.
② Лотман Ю. М. Память в культурологическом освещении [C] // Лотман Ю. М. Статьи по семиотике и топологии культуры: Т. 1. Таллинн: Александра, 1992:200.

俄语语言世界图景中的观念场 "ПАМЯТЬ"

2006 年，О. Г. Ревзина 在文章《 Память и язык 》中阐释了记忆与语言之间的联系，指出它们之间存在着共性，即符号性。她认为，认知模型在语言中得以体现。人的智力组织、参与构建信息，并与这些认知模型相协调一致。认知模型存在于语义记忆（семантическая память）中，因为语言是记忆的独特供体。而对于话语来说，这种关系则相反——记忆起到供体的作用。① 另外，作者认为，人的记忆中存在着一些固定成分（固定成语性组合等），它们作为典型的"记忆符号"（знак памяти），构成了跨文本、互文的基础，进而促进话语的生成。

2007 年 Н. Г. Брагина 指出，记忆与"душа""ум"一起，同为"人内部世界的主体"②。在其专著《 Память в языке и культуре 》中，Брагина 在俄语成语、固定隐喻词组与公式化语句等语料的基础上，全面分析了观念"память"与哲学语篇、神话语篇、宗教语篇、文学语篇、社会文化语篇、政治语篇的相互关系，并指出观念与时间、空间、爱、生命、死亡、永生、荣誉等的关系。

2008 年的论文集《 История и коллективная память. Сборник статей по еврейской историографии 》中，А. Функенштейн 在《 Коллективная память и историческое сознание 》一文中，指出了集体记忆存在于某一团体（группа）的集体意识中。

2008 年 А. А. Зализняк 在文章《 Концептуализация памяти и забвения в русском языке 》中，研究了"память"和"забвения"观念化的特点。

尽管"память"不在 1997 年出版的《 Константы. Словарь русской культуры 》（Ю. С. Степанов）中，但在 2012 年 А. А. Зализняк，И. Б. Левонтина，А. Д. Шмелев 等学者的合著《 Константы и переменные русской языковой картины мира 》中，"память"和"забвение"已被看作俄罗斯语言世界图景中的常量之一。由此可见"память"在俄罗斯民族意识中的重要地位。

Л. С. Муфазалова 在 2014 年发表的《 Концепт память в русской языковой картине мира 》一文中，基于词典释义明晰了俄语语言世界图景中

---

① Ревзина О. Г. Память и язык [J]. Критика и семиотика, 2006(10):12.

② Брагина Н. Г. Память в языке и культуре [M]. М.: Языки славянских культур, 2007:51.

观念"память"的语言表征,确定了该观念词汇语义场的成员及结构。

同年,С. М. Карпенко 以 Н. С. Гумилев 与 А. А. Ахматова 的诗歌为背景,对二者诗歌世界图景中的观念"память"进行了对比分析。

综上可见,前人研究各有其不同的角度或侧重点:

Морис Хальбвакс 从社会学角度分析了集体记忆;П. П. Блонский 从心理学角度对记忆进行了分析;而 Е. С. Кубрякова 从认知角度对记忆进行的阐释;法国哲学家 П. Рикер 对记忆的研究则是从现象阐释学角度出发。

Ю. М. Лотман 对记忆的分析主要是从符号学角度出发,"文化是集体心智与集体记忆"的观点为我们下文对记忆空间的研究奠定了基础;Ян Ассман 侧重分析过去记忆与文化自我认同之间的关系,为我们下文对观念场"ПАМЯТЬ"成员"свои"的分析提供了可能;О. Г. Ревзина 与 Лотман 研究的相通之处在于,Ревзина 也强调了记忆的符号性。另外,Ревзина 研究的创新之处在于,指出了记忆与互文、话语生成之间的紧密关系;Н. Г. Брагина 的研究比较全面,主要研究记忆与不同语篇类型的关系。她所分析的与记忆相关的若干概念,虽与下文中我们所研究的观念场"记忆"成员有重合之处,但亦有所不同。除此之外,Брагина 并未将观念场的层级做出明确的划分。在使用的语料上,本书也不仅仅局限于俄语中的固定表达,我们的研究还涉及词汇、词组等语言单位;А. Функенштейн 研究侧重于集体记忆与社会集体意识的关系;А. А. Зализняк 不仅分析了观念"память"的观念化,还分析了其反义观念——"забвение"的观念化特点,但研究对象仅限于与二者相关的动词;А. А. Зализняк,И. Б. Левонтина,А. Д. Шмелев 等人的研究则是把观念"память"与"забвение"提升到俄罗斯语言世界图景中"常量"的地位;Л. С. Муфазалова 侧重对观念"память"的词汇语义场的研究;Л. С. Муфазалова 对观念"память"的分析主要是从语义的角度出发;Л. С. Муфазалова 与 С. М. Карпенко 的研究则局限于观念"память"本身。

由此可见,以汉语为背景,从观念场的角度对观念"память"以及与其紧密联系的若干观念进行整合研究具有创新性,且前人的研究成果为本书的撰写亦奠定了坚实的基础。

观念与记忆的关系亦值得关注。Л. О. Чернейко 从认知角度阐述了观

俄语语言世界图景中的观念场"ПАМЯТЬ"

念与记忆的关系,"'观念'是人认识与模式化记忆的武器。记忆是意识的组成部分之一,它保证了对信息的保存与再现"①。换句话说,人以观念为手段去认识记忆,并对记忆进行模式化。由此可见,Л. О. Чернейко 将记忆看作一种过去信息的客观存在,并不含有任何的主观色彩,而观念是认识该客观存在的主观手段。

二、观念场"ПАМЯТЬ"的结构

(一)场的内核

下面我们将在语料分析的基础上来研究观念场"ПАМЯТЬ"的结构。

观念场的场名通常为该场核心观念的名称,比如,观念场"судьба"、观念场"счастье",观念场"война"等。② 并且,构建场的准则是其成员的使用频率、意义的抽象性。③ 那么,场核心观念应具有最高程度的概括性。鉴于名词的称名特征,及抽象名词的概括性,我们所研究的观念场的场名为"память",观念"память"则是命名整个观念场的核心观念。

在论述观念场"ПАМЯТЬ"之前,我们先介绍一下语义场"ПАМЯТЬ"的成员。Н. Ю. Шведова 主编的《Русский идеографический словарь: Мир человека и человек в окружающем его мире (80 концептов, относящихся к духовной, ментальной и материальной сферам жизни человека)》书后索引④中,指出了以下与"память"语义相近的词汇。我们将这些词汇整理如下:

---

①Чернейко Л. О. Базовые понятия когнитивной лингвистики в их взаимосвязи [C] // Красных В. В., Изотов А. И. Язык, сознание, коммуникация: Вып. 30. М.: МАКС-Пресс, 2005:64.

②Красных В. В. Когнитивная подсистема лингвокультуры: возможные пути исследования [J]. Язык, сознание, коммуникация, 2012(45):15.

③Попова З. Д., Стернин И. А. Когнитивная лингвистика [M]. М.: АСТ: Восток-Запад, 2007:159—209.

④Русский идеографический словарь: Мир человека и человек в окружающем его мире (80 концептов, относящихся к духовной, ментальной и материальной сферам жизни человека). Под отв. ред. Н. Ю. Шведовой [Z]. М.: Азбуковник, 2011:1004—1005.

第三章
观念场"ПАМЯТЬ"

Беспамятство, воспоминание, забывчивость, запамятование, напоминание, памятливость, памятник, помин, припамятование, припоминание, упоминание, беспамятный, воспоминать, воспоминаться, воспомнить, воспомянуть, вспоминать, вспомнить, вспомниться, вспомянуть, вспомянуться, достопамятный, забывать/забыть, забываться/забыться, забывчивый, забытый, запамятовать, запоминать/запомнить, запомниться, злопамятный, на память, напоминать/напомнить, незабвенный, незабываемый, непамятный, памятливый, памятный, памятовать, перезабыть, по памяти, позабывать, позабыть/позабыть, поминальный, поминать/помянуть, помнить, помниться, попомнить, припоминать/припомнить, припоминаться/припомниться, приснопамятный, упомнить, упомянуть.

Лебедева在谈到观念场"ДЕТСТВО"时指出，进入观念场"ДЕТСТВО"的成员要在它们联想相近（ассоциативная близость）的基础上（детство-соска）、内涵相近（близость коннотаций）的基础上（детство-счастье）、隐喻模式相近（сходство метафорических моделей）的基础上（детство-память）等。这样，观念间的一致关系要比语义间的一致关系更为宽泛。[①] 而上述《Русский идеографический словарь》中所指出的词汇只是在概念意义上相互联系，并无联想联系等，因此我们有理由认为上述词汇均属于"память"的语义场成员，而非观念场成员。我们下文中所讲到的观念场"ПАМЯТЬ"一些成员，如"прошлое""эмоция"等均不进入该语义场中。

下面我们将明确内核观念"память"的不变意义以确定本书的研究范围。Н. Ю. Шведова主编的《俄语语义词典》中阐明了三个义项，每一个义项均对应一个词语语义变体（ЛСВ/лексико-семантический вариант）：

ПАМЯТЬ：1. 在意识中保存与再现过去印象、经验的能力，甚至是保存在意识中印象与经验的总和；2. 回忆；3. 与死者有关的事物（对他的回

[①] Лебедева М. Ю. Концептуальное поле "Детство" и его репрезентация в русском языке [D]. М.：Государственный институт русского языка, 2013：30.

忆、对他的情感)①;

记忆:"记忆、不忘记过去的能力(记忆力);保存、记住关于过去意识的精神属性;回忆过去的某行为或某事;备忘录;为了祭奠圣徒或悼念死者的教堂礼拜"②;

记忆:"在意识中保存与再现从前印象、经验的能力;保存在意识中的印象与经验的总和本身;回忆;与死者相关的事物"③。

除此之外,在 Н. Ю. Шведова 编著的《俄语语义词典》中对"память"的释义与上述 С. И. Ожегов 与 Н. Ю. Шведова 的解释基本一致。

词典中"память"的义项如下表所示:

	1	2	3	4	5
Н. Ю. Шведова РСС Т. III	Способность сохранять и воспроизводить в сознании прежние впечатления, опыт (在意识中保存与再现过去印象、经验的能力) самый запас хранящихся в сознании впечатлений, опыта (甚至是保存在意识中印象与经验的总和)	самый запас хранящихся в сознании впечатлений, опыта (保存在意识中印象与经验的总和)	То, что связано с умершим (воспоминания о нем, чувства к нему) 与死者有关的事物(对他的回忆、对他的情感)		

---

① Русский семантический словарь. Толковый словарь, систематизированный по классам слов и значений. Под общей ред. Н. Ю. Шведовой: Т. III [Z]. М.: Азбуковник, 1998:218.

② Даль В. И. Толковый словарь живого великорусского языка: В 4 т. Т. 3 [M]. М.: РИПОЛ классик, 2006:14.

③ Ожегов С. И., Шведова Н. Ю. Толковый словарь русского языка: 80 000 слов и фразеологических выражений [Z]. М.: А ТЕМП, 2006:490.

第三章 观念场"ПАМЯТЬ"

续表

	1	2	3	4	5
В. И. Даль	Способность помнить, не забывать прошлого (记忆、不忘记过去的能力)	Способность помнить, не забывать прошлого (记忆、不忘记过去的能力)	Памятование или воспоминание память в действии, в деле (回忆过去的某行为或某事)	Памятная записка (备忘录)	Церковная служба, в честь святых а также в поминовение усопших (为了祭奠圣徒或悼念死者的教堂礼拜)
С. И. Ожегов, Н. Ю. Шведова	Способность сохранять и воспроизводить в сознании прежние впечатления, опыт (在意识中保存与再现从前印象、经验的能力) самый запас хранящихся в сознании впечатлений, опыта (保存在意识的中印象与经验的总和)	То же, что воспоминание о ком-чем-н. (回忆)	То, что связано с умершим (воспоминания о нем, чувства к нему)(与死者相关的事物)	Памяти кого-чего в знач. предлога с род. п. В честь (кого-н. умершего или какого-н. важного события в прошлом) (памяти 当作前置词时的用法)	
Н. Ю. Шведова 编著的《俄语语义词典》	同上	同上	同上		

总结上述词典义项,我们可以得出память的不变义项,即"词的不变意义"(инвариантные значения слова)为:

1.在意识中保存与再现过去印象、经验的能力(способность сохранять и воспроизводить в сознании прежние впечатления, опыт);

2.保存在意识中印象与经验的总和(самый запас, хранящихся в сознании впечатлений, опыта);

3.回忆(воспоминание);

59

> 俄语语言世界图景中的观念场
> "ПАМЯТЬ"

4. 与死者相关的事物(то, что связано с умершим, воспоминания о нем, чувства к нему; церковная служба, в честь святых, а также в поминовение усопших)。

词语 память 的上述不变意义的语义特征位于其意义内核的中心位置(центр ядра значения)。我们将其图示如下：

память 的不变义项＝

(центр ядра значания)

1. 在意识中保存与再现过去印象、经验的能力
2. 保存在意识中印象与经验的总和
3. 回忆
4. 与死者相关的事物

通过以上词典中 память 的释义可以看出，其中三本词典的第一义项均为"способность сохранять и воспроизводить в сознании прежние впечатления, опыт"(在意识中保存与再现过去印象与经验的能力)，В. И. Даль 也将记忆是一种能力(способность помнить, не забывать прошлого)的语义放到了第一义项的位置上。我们在上文中已提到，Е. С. Кубрякова 在分析神经生理学数据的基础上，认为记忆机制实质上与人类思维活动的所有过程都相关。Память 的第一不变义项，即将记忆视作一种人体机制能力，在实质上属于神经生理学范畴，鉴于其不具有民族文化特征，我们不将其列入本书的研究范围之内。因此，相应地，беспамятный(记性差的)，забывчивый(健忘、记性不好的)，забывчивость(记性不好)，дырявая голова/дырявая память(记性不好的人、健忘的人)，короткая/куриная/птичья/девичья память(记性不好、健忘)，обеспамятеть(失去记忆力)，памятливый ум/памятливое сердце (记忆力强)，памятливость(记性好)等词汇以及 зрительная память(视觉记忆力，指记住所看到事物的能力，对图像有天生的敏感)，память отшибло(记性变坏、失去记忆力)，здоровая память(记忆力好)，потерять память/памяти нет на что-л.(丧失记忆力、记忆力垮了)，острая память(好的记忆力)等表达也不在我们的研究范围内。如下例句：

— И когда вы увидели его по телевизору, вы сразу его узнали?

— У меня **зрительная память** отменная. Я фамилию могу забыть или даже имя, ни одного телефона наизусть не помню, но лица

第三章 观念场"ПАМЯТЬ"

запоминаю на долгие годы.（А. Маринина）

——当您在电视上看到他的时候,您立刻便认出他来了吗？

——我非常认人。我可以忘记一个人的姓,或者甚至一个人的名字,任何一个电话号码也记不住,但是能记住一个人的脸很多年。

另外,成语"без памяти"含义为"非常、极其；非常激动、昏了头、倾倒①",它是基于память表意识的语义特征,与我们下文中所指的核心语义特征无关,所以也排除在我们的研究范围之外。

另外,值得一提的是,固定搭配"потерять память",指"в результате несчастного случая или болезни он забыл полностью или частично то, что помнил и знал раньше"（由于不幸的事件或病痛某人完全或部分地忘记了以前记得或知道的事情）②,该表达指向记忆能力,即可表达"丧失记忆力",不在我们本书的研究范围之内。但当它表示"忘记了过去的某一片段"时,则属于我们的研究对象。如下例句：

（1）*Ехавши из Петербурга, Лев Степанович пригласил к себе дядю своей жены, не главного, а так, дядю-старика, оконтуженного в голову во время турецкой кампании, вследствие чего он **потерял память**, ум и глаза.*（А. И. Герцен）

列夫·斯捷潘诺维奇从彼得堡离开之后,便邀请妻子的叔父到自己这来,不是最重要的叔父,而是年迈的老叔父,他在土耳其战役期间震伤了脑部,因此而丧失了记忆力、智力以及视觉。

（2）*Но народ, в ужасных и непонятных ему страданиях, **потерял память** о России—о самом себе.*（Г. П. Федотов）

但是,人民在其不知所以的极端痛苦中忘记了俄罗斯——忘记了自己。

至于上述不变义项中的第四个语义特征,即"与死者相关的事物",它所包含的范围很广,可以指为了祭奠圣徒或悼念死者的教堂礼拜,如

---

① 王福祥,吴汉樱.迷你俄语成语词典［Z］.北京:外语教学与研究出版社,2014:7.

② Толковый словарь русского языка. Под ред. Д. В. Дмитриева ［Z］. М.：Издательство 《АСТ/Астрель》, 2003:821.

俄语语言世界图景中的观念场
"ПАМЯТЬ"

память Св. Равноапостольного Владимира 15-го июля[①](7月15日为祭奠功德犹如圣徒的基辅大公弗拉基米尔而举行的教堂礼拜);也可以是对已逝之人的回忆、对他人的感情,可翻译为"悼念、怀念",如 посвятить книгу памяти учителя(书为怀念老师而作),верна памяти мужа(她永远怀念丈夫),сделать что-н. в память об умершем(为悼念死者而做某事),на помин души(为了悼念),увековечивать/отмечать память кого-л./чью-л.(永远怀念),быть верным памяти кого-л./чьей-л.(永远怀念);还可以表示悼念死者的纪念物。

综上所述,排除属于神经生理学语义特征的"记忆力",本书研究对象主要集中在"память"的核心语义特征——"保存在意识中印象与经验的总和(самый запас, хранящихся в сознании впечатлений, опыта)"上,我们将其称为память^1;语义特征"回忆"(воспоминание)我们将其设定为память^2;"与死者相关的事物"为память^3。память^3 在表示对死者的怀念时,实质上是память^2 表客体为死者时的情况;而память^3 表针对死者的纪念物时,实质是记忆的物化,我们在下文中将其归为场的远外围,因此本书中并不将память^3 作为独立的研究对象。本书观念场"ПАМЯТЬ"的核心成员——观念"память"的语义特征为память^1,而память^2(回忆)则为临近核心的中心区域成员之一。

谈及语言表征,多数学者都认为,观念"分散在将其客体化的语言符号中"(Бабушкин 1996,Болдырев 2001,Пименова 2004,Стернин 与 Попова 2001,2003,2007 等)[②],观念场亦是如此,观念、观念场的表征可以是语言的各个层面。谚俗语是民族智慧的珍贵遗产。根据 В. Н. Телия 的观点,成语保存着人们关于过去的历史记忆,这些历史记忆深深地触及了泛斯拉

[①]Даль В. И. Толковый словарь живого великорусского языка:В 4 т. Т. 3[M]. М.:РИПОЛ классик,2006:14.

[②]Сулиман Эльтайеб Эльзейн Эльтайеб Русское концептуальное поле ВЕРА(на фоне арабо-мусульманской лингвокультуры)[D]. М.:МГУ,2013:101.

第三章
观念场"ПАМЯТЬ"

夫的根源[1],成语、谚俗语是某民族文化共同体民族记忆的精华。为展现核心观念"память"与其同名观念场在俄罗斯民族意识中的文化特点,必须将俄语中与记忆相关的成语、谚俗语纳入我们的研究范围。

下面我们将语义特征为память¹(保存在意识中印象与经验中的总和)的场核心观念память的语言表征分为以下四组:

第一组,表示过去信息保存在记忆中的状态:

(1)сохранять/сохраняться в памяти(保存在记忆中);

(2)удержать в памяти(记住不忘、保存在记忆中);

(3)завязать на память узелок(作为提醒做某事的记号,用手帕一角打个结);

(4)не идет с памяти/ума(不被忘记);

(5)беречь в памяти/в себе/в душе(保存在记忆中);

(6)оставаться в памяти/в голове(保留在记忆中);

(7)быть в памяти/на памяти(记得);

(8)память сердца/души(心头的记忆);

(9)по старой памяти(〈口〉凭过去的记忆;看在往日的情分上);

(10)держать в памяти/в голове/в уме(保留在记忆中、记得);

如下例句:

(1)*Молодой ум , как известно , с легкостью* ***удерживает в памяти многое****.* (М. А. Прокофьев)

众所周知,年轻人很轻松地就能记住很多东西。

(2)*Эти слова неприятно* ***засели мне в память****.* (М. Горький)

这些话总是萦绕在我的记忆中,令人不快。

第二组,强调保存在记忆中过去信息的稳固程度:

(1)зарубить в памяти 或 зарубить на стене/на стенке(〈口〉牢牢记住,铭记在心),"зарубить"的本意为"(用刀、斧等)砍死、劈死;砍出记号、砍出

---

[1] Аристова Т. С., Ковшова М. Л., Рысева Е. А., и др. Словарь образных выражений русского языка под ред. В. Н. Телия [Z]. М.:Отечество,1995:12.

俄语语言世界图景中的观念场
"ПАМЯТЬ"

痕迹";

（2）врезать/врезаться в память（铭刻在记忆中），"врезать/врезаться"本意为"嵌入、插入"；

（3）залечь в память（铭记），"залечь"的本意为"躺下（较长时间）"；

（4）узел на память（用手帕的一角打的结，以免忘记）；

（5）Память изменяет/если память не изменяет（该句法表征意为"记错；如果没记错的话"，也表示记忆中过去信息的稳固程度，如果稳固程度弱，那么所呈现出来的信息与原始信息不符，反之，如果稳固程度高，则所呈现出来的信息与原始信息相符）；

（6）западать в память（铭刻在记忆中），западать 的原意为"掉入、掉进；塌陷"；

（7）вечная память кому-л.（永垂不朽、永志不忘）；

（8）въесться кому в память/в душу/в кровь（铭记）（从"въесться"的原意"深深刺入、深深砍入"可以看出，该词组表示过去信息在记忆中稳固性高）；

（9）запечатлеть/запечатлеваться в памяти/в сердце（铭记，铭刻在心中），"запечатлеть"原意为"（艺术作品中）刻画出"，该词组表达过去信息在记忆中保留程度深；

（10）отпечатлеваться в памяти/душе（铭刻在记忆中），"отпечатлевать"原意为"留下印记"；

（11）звучать в памяти/в сердце（铭记心中）；

（12）запомнить（记住、记牢），虽然 запомнить 的词典释义为"сохранить в памяти"[1]，但是它也强调了保存在记忆中信息的牢固性。根据词典释义，запомнить 的同义列为 запоминаться/запомниться（记得、记住），замечать/заметить（记住、记下），на заметку взять（记住），втемяшиться（深深印入脑海，记牢），вбивать/вбить（记牢，其第一义项为"钉入、钉上；打入、打进"），该组词汇均强调记忆的深刻程度。

---

[1] 张建华，等.现代俄汉双解词典[Z].北京:外语教学与研究出版社,1992:272.

第三章
观念场"ПАМЯТЬ"

(13)помяни/помяните мое слово(记住我的话吧、等着瞧);

(14)врубиться в память(铭刻进记忆中);

如下例句:

(1)**Вечная Память** всем отстоявшим свободу и независимость нашей Родины!(Л. Языкова)

所有捍卫我们俄罗斯自由与独立的人们永垂不朽!

(2)*Она в шахматы не играла, никогда шахматными турнирами не интересовалась, но каким-то образом его имя было ей знакомо, бессознательно **въелось в память**, и она не могла вспомнить, когда впервые услышала его.*(В. В. Набоков)

她没有玩过象棋,也从未对象棋比赛感兴趣,但不知怎么回事她知道他的名字,不知不觉地铭记于心,她甚至不能回想起是什么时候第一次听说过他。

(3)*Уж ты **помяни мое слово**, что эта гроза даром не пройдет!* (А. Н. Островский)

你就等着瞧吧,这场暴风雨不会白白地过去!

(4)*Оттого и запомнились мне все партийные собрания—все, все, сколько их было в моей жизни,—что каждое из них **врубилось в мою память** и в мою жизнь, как новая ступенька бесконечной лестницы.*(Б. Горбатов)

因为这个缘故我记住了所有的党员大会——我一生参加过的全部党员大会,——每次大会都铭刻进我的记忆与生命中,就像一条无尽楼梯的每一级新台阶。

第三组,表示过去信息在记忆中显现方式或显现程度:

(1)жив/свеж в памяти(记忆犹新、历历在目、栩栩如生);

(2)мелькать в памяти(在记忆中闪现);

(3)рисоваться в памяти(在记忆中显现);

(4)на свежей памяти, на свежую память(趁着记忆犹新,趁着还没忘记);

(5)отлиться в памяти/в воспоминании(铭记不忘),"отлиться"原意为

> 俄语语言世界图景中的观念场
> "ПАМЯТЬ"

"体现出来、形成";

(6)представать в памяти(出现在记忆中、回忆起);

(7)вставать в памяти(呈现在记忆中、想起);

(8)мельтешить в памяти(在记忆中闪现),"мельтешить"原意为"在眼前乱晃、使人眼花缭乱";

如下例句:

*Личность учителей играла тут главную роль; учителя русского языка я и до сих пор еще вспоминаю, хотя только по воротничкам, панталонам и рацее; но из двух других, занимавшихся со мною латынью и французскою грамотою, одного совсем забыл, а другой **мелькает в памяти**, как тень какого-то маленького человечка.* (Н. И. Пирогов)

教师的人格起到很重要的作用;直到现在我还能想起俄语老师们,尽管只记得他们的衣领、裤子与长篇大论的训诫;但教我拉丁语与法国常识的两位老师中,我完全忘记了其中一位,而另一位,如同某个小人物的身影一般,常在记忆中闪现。

第四组,拟人:

(1)память возвращала/возвращает что-л.(唤回记忆);

(2)жить/жив в уме/сердце/сознании/памяти/душе(在记忆中栩栩如生);

(3)кому пришло на память что(想起);

(4)будить/пробудить что-л. в памяти(唤醒记忆);

(5)идет/шло кто-что-л. в голову/на память(想起);

(6)возвращаться памятью/мыслями(想起);

(7)воскресать в памяти(在记忆中再现),字面上直译为"在记忆中复活";

(8)воскрешать/воскресить по памяти(在记忆中再现);

(9)приходить на память кому(重现在脑海中);

(10)ложиться в памяти(铭记),"ложиться"原意是指人"躺下";

上述动词 возвращать, жить, прийти, будить, пробудить, идти, возвращаться, воскресать, приходить 均表示人的行为,在上述词组中某人

第三章
观念场"ПАМЯТЬ"

的行为或赋予了记忆本身(如①),或赋予了记忆中的某一信息(如②③④⑤⑥⑦⑧⑨⑩)。如下例句:

*Этот эпос—наши былины—в народной памяти прошел через многие века и до сих пор еще **живет в памяти** сказителей, передающих своим слушателям героические предания о прошлом Русской земли.* (Н. К. Гудзий)

这部史诗——我们的勇士赞歌——已存在于民族记忆中许多世纪,并且直至今日仍在说唱演员的记忆中栩栩如生,这些说唱演员们转述给自己的听众们古老俄罗斯土地上的英雄传说。

第五组,记忆可以作为一个整体:

(1) обогащать знаниями, фактами, идеями, понятиями, опытом чью-л. память(利用知识、事实、想法、概念、经验等丰富某人的记忆);

(2) вбирать в память/в себя/в свою душу(吸收入记忆中),例如:

*Уперся Мишка в него глазами, в один миг всего ощупал; крепко, навовсе, навсегда **вобрал в память** изогнутые брови, улыбку, притаившуюся во взгляде и в углах губ, каждую черточку лица запомнил.* (М. А. Шолохов)

小米沙盯着他,一瞬间就把一切打量个遍;永远记住了那弯眉、隐藏在目光与嘴角中的笑容,记住了每一个面部线条。

下面我们将根据语义分析、联想关系、使用频率、表征核心观念的鲜明度,来划分观念场"ПАМЯТЬ"的核心成员、中心区域成员、近外围区域成员、远外围区域成员以及它们的语言表征。

(二)场的中心区域成员

分析观念词的联想联系在观念分析中具有十分重要的作用。正如 Л. С. Муфазалова 所言,"分析词语 память 的联想联系能够探究俄语本身以及被这些词汇客体化的观念语义空间和观念域中的词汇单位意义间的关系"①。另外,观念的循环性(言语中观念语言表征的频率)是衡量人们认知意识中观念重要性的关键指标。它不仅反映观念语言的重要性,也反映观

---

① Муфазалова Л. С. Концепт память в русской языковой картине мира [J]. Вестник ИрГТУ, 2014 (9):326.

俄语语言世界图景中的观念场
"ПАМЯТЬ"

念认知的重要性与社会语言的重要性(Титова,2003)。① 也就是说,某观念词汇表征的数量及它们在言语中使用频率的高低,反映了它们在社会文化、认知中的不同地位。

在 Г. А. Черкасова 与 Н. В. Уфимцева 所著的《Русский региональный ассоциативный словарь-тезаурус Еврас》中有关 помнить 的联想词按照频率（частотность）依次为：

ПОМНИТЬ：память，не забывать，воспоминание，не забыть，хранить，воспоминания，держать в голове，записывать，понимать，хранить в памяти②

Вспоминать 的联想词按照频率依次为：

ВСПОМИНАТЬ：память，помнить，воспоминания，воспоминание，вспомнить все，запоминать，вспомнить，мемуары③

由此可见,память 为 помнить 与 вспоминать 的第一联想词。

我们将这些联想词连同上文分析的 память 的语义特征,总结图示如下：

1. память^1 —— 同源动词 ——> помнить ——> 同义列
   ——> 联想词（第一个为 память）

2. память^2（воспоминания）—— 动词对应 ——> вспоминать ——> 同义列
   ——> 联想词（第一个为 память）

---

①Попова З. Д., Стернин И. А. Когнитивная лингвистика [M]. М. : АСТ: Восток-Запад, 2010:148.

②Черкасова Г. А., Уфимцева Н. В. Русский региональный ассоциативный словарь-тезаурус Еврас. От стимула к реакции: Т. 1 [Z]. М. : Моск. междунар. академия, 2014:174.

③Черкасова Г. А., Уфимцева Н. В. Русский региональный ассоциативный словарь-тезаурус Еврас. От стимула к реакции: Т. 1 [Z]. М. : Моск. междунар. академия, 2014:35.

第三章
观念场"ПАМЯТЬ"

Д. В. Дмитриев 主编的词典《Толковый словарь русского языка》中,根据在言语中使用的频率将词汇分为以下六个等级:

最常用词汇:250 个;

十分常用词汇:500 个;

常用词汇:1000 个;

比较常用词汇:5000 个;

不常用词汇:3 万—4 万个左右;

罕见词汇:其他所有词汇[①]。

Д. В. Дмитриев 等在归纳其中最常用的 250 个词汇以及十分常用的 500 个词汇之后,得到了所谓的"篇章语料库数据中 750 个最常用的俄语词汇"[②],память 以及 вспоминать/вспомнить、забытый、забывать/забыть、помнить、памятник 均位于其中。

Помнить 属于 250 个最常用词汇之一,память,вспоминать/вспомнить,забывать/забыть 属于 500 个十分常用词汇之一。Забытый 属于 1000 个常用词汇之一。Памятник 属于 5000 个比较常用词汇之一。按照词汇在言语中使用频率来讲,它们的使用频率如下图逐渐递减:

помнить→память,вспоминать/вспомнить,забывать/забыть→забытый→памятник

综上可知,在 память 每个不变义项的同义列中,помнить 的使用频率最高,其次为 вспоминать/вспомнить,它们组成了同义词汇场的核心(ядро лексического поля синонимов),而其他同义词汇因频率不高而位于同义词汇场的边缘。另外,根据以上使用频率的情况,且鉴于观念场中词汇的使用频率是由核心到外围逐渐递减的理论依据,排除 забытый(为 забывать/забыть 的衍生词)与 памятник(памятник 为 память 的外化形式,处于远外围区域,该内容将在下文中具体论述)后,最终我们确定观念场"ПАМЯТЬ"

[①] Толковый словарь русского языка. Под ред. Д. В. Дмитриева [Z]. М.: Издательство «АСТ/Астрель», 2003:13—14.

[②] Толковый словарь русского языка. Под ред. Д. В. Дмитриева [Z]. М.: Издательство «АСТ/Астрель», 2003:16—18.

俄语语言世界图景中的观念场
"ПАМЯТЬ"

的中心成员为 помнить，вспоминать/вспомнить，забывать/забыть。

1. помнить

根据观念场中成员的使用频率应从核心到边缘逐渐递减的理论，观念"память"应在同名观念场中使用频率最高，并且根据上文使用频率的图示，在使用频率上词语 помнить 比词语 память 本身要高，所以值得注意的是，观念场"память"中，使用频率最高的并非同名观念词 память 本身，而是其同源动词（родственный глагол）помнить。

至于名词 память 与动词 помнить 间的联系，必须关注它们的词源。根据 А. К. Шапошников 所编词源字典中的解释，观念词 память 最早于 XI-XVII 世纪出现在俄语中。[1] ПАМЯТЬ 为泛斯拉夫词汇。通过前缀 па- 与名词 *мьnть（> мять）构建，*мьnть（> мять）借助后缀-ть（如 честь，весть，смерть 等）与同 мнить 一样的词根（мьн-）派生而成。[2] 不应将词语 память 分解为前缀 па- 以及后缀-ть。Память 在现代俄语中具有不可派生的词根及零词尾。

Помнить 的词典释义如下：

ПОМНИТЬ，см. поминать и память[3]

В. И. Даль 在词典中将 помнить 指向 поминать 与 память。Поминать 的语义特征为：

（1）помнть，не забывать（记得，没有忘记）；

（2）вспоминать，припоминать，напоминать；храня в памяти прошлое，обращаться мысленно к нему（想起、记起、使想起；将过去保存在记忆里，在意识中寻找它）；

（3）корить，попрекать *кого* прошлым（责备、数落某人的过去）；

（4）совершать，по обряду церкви，молитву за упокой души（为了安魂，

---

[1] Этимологический словарь современного русского языка под ред. А. К. Шапошникова：в 2 Т.[Z]. М. ：Флинта • Наука，2010：107.

[2] Шанский Н. М.，Иванов В. В.，и др. Краткий этимологический словарь русского языка [M]. М. ：Просвещение，1975：324.

[3] Даль В. И. Толковый словарь живого великорусского языка：В 4 т. Т. 3 [M]. М. ：РИПОЛ классик，2006：270.

第三章
观念场"ПАМЯТЬ"

按照教堂仪式完成祷告);

(5)упомянуть, коснуться речью(谈到、言语涉及)。①

其他两本词典中释义为:

ПОМНИТЬ, сохранять, удерживать в памяти, не забывать(保存在记忆中、不忘记)②;

ПОМНИТЬ, удерживать в памяти, не забывать(同上)③(Кузнецов 2000:915—916)。

以上 помнить 的语义特征集中指向了"保存在记忆中、不忘记"(某信息),即为其不变意义(инвариантное значение),该意义指出了信息在记忆中的存在状态,暗示了记忆是一个储存空间,与 память¹ 相呼应。память¹ 指出"保存在意识中印象与经验的总和",помнить 则指出了保存该"总和"或其部分的状态,由此可见 память¹ 所表示的语义特征抽象程度最高。因此,也论证了我们所说的 память¹ 是整个观念场的核心语义特征。

Помнить 的对象可以是保存下来的过去所有信息总和,也可以只指向保存下来的某一部分信息。例如:

(1) *У счастья нет завтрашнего дня; у него нет и вчерашнего; оно не* **помнит** *прошедшего, не думает о будущем; у него есть настоящее—и то не день, а мгновенье.* (И. С. Тургенев)

幸福没有明天,亦没有昨日;它不记得过去,不思虑未来;它拥有现在——并不是一天,而是瞬间。

(2) **Помню**, *когда я был мальчонком лет пятнадцати, отец мой покойный—он тогда здесь на деревне в лавке торговал—ударил меня по лицу кулаком, кровь пошла из носу...* (А. П. Чехов)

我记得,当我还是15岁的小男孩时,已逝的父亲当时在这里的农村小

---

①Даль В. И. Толковый словарь живого великорусского языка: В 4 т. Т. 3 [M]. М. :РИПОЛ классик, 2006:268.

②Ожегов С. И., Шведова Н. Ю. Толковый словарь русского языка: 80 000 слов и фразеологических выражений [Z]. М. :А ТЕМП, 2006:559.

③Большой толковый словарь русского языка под ред. Кузнецова С. А. [Z]. СПб. :Норинт, 2000:915—916.

俄语语言世界图景中的观念场 "ПАМЯТЬ"

铺做小买卖——他用拳头揍了我的脸,血从鼻子里流了出来……

以上例子中,"помнит прошедшего"是指保存过去所有信息的状态,而"Помню, когда…"指保存过去某一部分信息的状态。

下面我们论述观念 помнить 的语言表征：

观念 помнить 的词汇层面表征为：помниться, памятовать, запоминать, незабвенный（永志不忘的）, незабываемый（难忘的）等。如 незабвенный учитель（永远不能忘的老师）, незабываемые минуты（难忘的时刻）。

鉴于 помнить 的不变意义为"保存在记忆中、不忘记（某信息）",即为"удерживать/сохранять в памяти",这与上文中观念词"память"表"过去信息保存在记忆中的状态"的表征（第一组）相重合。这是因为观念结构本身具有开放性,我们下文阐述观念词 помнить 句法层面表征时将不再重复论述。

（1）намотать себе на ус что（记在心里）；

（2）как сквозь сон помнить（模糊地、蒙眬地记得）；

（3）помнить/не забыть до свежих/новых веников（〈惩罚某人时的用语〉揍你,叫你一时半会儿忘不了）；

（4）не помнить себя от чего（忘形、因……难于自我控制）；

（5）помнить себя（开始记事、懂事；神志清醒、举止得当）；

（6）в голове/в уме/в мыслях держать что（记得）；①

（7）гвоздем сидит/засело что（〈口〉总惦记着,不能忘却）；②

（8）когда пьешь воду, помни о том, кто выкопал колодец（饮水不忘掘井人）；

（9）помнить чье-л. добро（记着某人的恩惠）；

（10）поминать/вспоминать/помнить добром кого-что（记着某人或某物的好处）；

（11）поминать/вспоминать добрым словом кого-что（感念某人或某物

---

① Русский семантический словарь. Толковый словарь, систематизированный по классам слов и значений. Под общей ред. Н. Ю. Шведовой: Т. III ［Z］. М.: Азбуковник, 1998:213.

② 张建华,等.现代俄汉双解词典[Z].北京:外语教学与研究出版社,1992:149.

观念场"ПАМЯТЬ"

的好处）；

（12）помнить/поминать/вспоминать добром *кого-что*（记着某人或某物的好处）；

（13）зла не помнить на ком（不生某人的气、原谅某人）；

（14）знать наизусть/назубок *что-л.*（背熟），例如：

①*Он вольнолюбив, смел, великодушен, **помнит добро**, обладает природной сметкой, в нем много чувства собственного достоинства.*（В. Кирпотин）

他热爱自由、勇敢、豁达，念好，天生机敏，极富自尊感。

②*У него беспрестанно **гвоздем сидит вопрос**: для чего жить?*（А. А. Фет）

有一个问题总是萦绕着他：为何而活？

关于 помнить 的词源还存在另外一种说法。在 С. Г. Бархударов 主编的《俄语简明词源词典》中指出，помнить 与 думать 均由 мьнити 构成①，如此一来，除了上述符合观念词 память 不变意义（保存在记忆中、不忘记某信息）的表征外，观念场"ПАМЯТЬ"的边缘表征还有：думать, думаться 等，我们认为其原因在于，думать, думаться, помнить 共同的隐含意义为"现在、此刻某一信息存在于意识之中"。

（1）*Она постоянно **думает** обо мне и ждет, когда я вернусь…да.*（Д. Н. Мамин-Сибиряк）

她总是想着我，当我回来的时候也总是在等着我……的确是这样。

（2）*Так обычно **думается** о доме, когда едешь рано-рано утром на работу в автобусе.*（М. Н. Задорнов）

当你一大清早坐在公交车上去上班的时候，的确总是会想家。

以上观念"помнить"的语言表征同样也是表不变意义的 помнить 的同义列单位。

---

①Шанский Н. М., Иванов В. В., Шанская Т. В. Краткий этимологический словарь русского языка под ред. С. Г. Бархударова [M]. М.: Просвещение, 1971: 353.

2. вспоминать/вспомнить

З. Е. Александрова 编著的词典《Словарь синонимов русского языка》中指出：

память—воспоминания[①]

显而易见，该词典中所指出的 память 的同义词 воспоминания，对应 память^2。

Воспоминания 与其动词 вспоминать/вспомнить 的词典释义如下：

вспоминать/вспомнить：возобновить в своей памяти（忆起、想起、回忆起）[②]

вспоминать/вспомнить：

（1）Возобновить в памяти, вернуться мыслью к прошлому（在记忆中恢复，思想上回到过去）

（2）Внезапно вернуться мыслью к забытому, упущенному（思想上突然想起已忘记或已失去的事物）[③]

воспоминание：мысленное воспроизведение чего-н., сохранившегося в памяти（想象中重现保存在记忆中的某物）[④]

由此可见，在 вспоминать/вспомнить 的不变义项为"想起、回忆起"，在记忆（в памяти）中"再现"（возобновить, воспроизведение）某信息。

除此之外，我们分析汉俄词典中 вспомянуть（想起），ворошить/разворошить，припомнить（忆起），припоминаться/припомниться 等词的词

[①]Александрова З. Е. Словарь синонимов русского языка [Z]. М. ：Рус. яз., 2001：317.

[②]张建华，等. 现代俄汉双解词典[Z]. 北京：外语教学与研究出版社，1992：119.

[③]Ожегов С. И., Шведова Н. Ю. Толковый словарь русского языка：80 000 слов и фразеологических выражений [Z]. М. ：А ТЕМП, 2006：105.

[④]Ожегов С. И., Шведова Н. Ю. Толковый словарь русского языка：80 000 слов и фразеологических выражений [Z]. М. ：А ТЕМП, 2006：99.

第三章
观念场"ПАМЯТЬ"

典释义时,可以看出它们的释义中均直接指向 вспомнить①,所以也位于 вспоминать 的同义列中。其中,ворошить/разворошить 的第一义项为"翻动、转动",转义为"忆起往事"。由此可见,此处"记忆"隐喻为内部包含若干事物的一个空间,而"忆起、想起"被看作在该空间翻动以寻找已知信息的行为。另外,ворошить/разворошить 本身带有情感色彩(忆起不愉快的、沉痛的事),此处涉及的记忆与情感的关系问题,我们将在下文单独的小节中进行阐述。至于 припомнить 与 припоминаться/припомниться,它们通过前缀 при- 的含义来表示信息的运动,"想起来"是已知信息从"无"到"有",并不是指信息从不存在到存在,而是指信息的"通路"由被阻的状态到畅通的状态。

除此之外,ССРЯ 指出的 воспоминания 的同义词:

воспоминания——(1)Память *о ком*, *о чем*(对某人或某物的回忆);реминисценции(книжн.)(模糊的回忆〈书〉);(2)мемуары(回忆录)②

同样,以下一组词语也位于 вспоминать/вспомнить 的同义列中:

воскрешать/воскресить(1)(宗教中的)使再生、使复活、起死回生;(2)восстановить, возродить *что-н.* утраченное, забытое〈转〉重新浮现、再现;

воскресать/воскреснуть(1)(宗教中的)复活、再生;(2)вновь возникнуть с прежней яркостью(о чувствах, представлениях)〈转〉重现、再现;(情感等)再次产生;

вспоминаться/вспомниться возобновиться в памяти(旧事)重现在脑海中、浮上心头、回忆起;

оживать/ожить:(1)复活、死而复苏;苏醒;(2)〈转〉(重新)精神振奋、充满生气、(情感、思想等)重新发生、再现;

воссоздавать/воссоздать создать вновь, повторить, представить себе 重建、恢复;描绘、塑造;回忆

восстанавливать/восстановить

---

① 张建华,等. 现代俄汉双解词典[Z]. 北京:外语教学与研究出版社,1992: 109,119,791.
② Александрова З. Е. Словарь синонимов русского языка [Z]. М.:Рус. яз., 2001:64.

俄语语言世界图景中的观念场
"ПАМЯТЬ"

(1)恢复;修复;重建;

(2)Вновь представить кого-что-н., воспроизвести〈转〉复原;恢复;使回忆起。

освежаться/освежиться

(1)清新(或凉爽)起来;

(2)[一二人称不用] восстановиться，возобновиться 重新回忆起。[①]

以上词汇均含有"再现"(восстановить，возродить，вновь возникнуть，возобновиться，восстановиться)"重建"(создать вновь)"恢复"(вновь представить，воспроизвести)等义素,由此可见,"回忆、忆起"也可以被看作信息在人意识中的再现(воспроизвести былое в памяти/в сознании),即二次重复(повторить，вновь)行为。

综上通过对词汇词典释义的分析我们认为,вспомнить/вспоминать (воспоминание)语言表征如下,其中包括词汇层面表征、词组层面表征与句法层面表征：вспомянуть，ностальгия（怀念，怀念过去），ворошить/разворошить，припомнить，припоминаться/припомниться，воскрешать/воскресить，воскресать/воскреснуть，вспоминаться/вспомниться，оживать/ожить，ожить/оживиться в воспоминаниях，воссоздавать/воссоздать，восстанавливать/восстановить，освежаться/освежиться（重新回忆起来），реминисценции，освежить воспоминания，воспоминания освежаются（重新回忆起来，круг воспоминаний（一连串回忆），отдаваться/предаваться воспоминаниям（完全陷入回忆之中、沉浸于回忆之中），осталось одно воспоминание（〈口〉只留下了回忆），лелеять воспоминание（珍惜回忆），обращаться в воспоминание，бессвязные воспоминания（不连贯的回忆），воспоминания волнуются（回忆如潮），воспоминания давят кого-л.（回忆使人难受、使人感到沉重），отделываться от воспоминания（摆脱开回忆），сквозь призму чего（смотреть，вспоминать и т. п.）（〈书〉通过某种中介去观

[①] 张建华,等.现代俄汉双解词典[Z].北京:外语教学与研究出版社,1992：109,119,583,111,601.

第三章
观念场"ПАМЯТЬ"

察、回忆等)①,хоть убей, не вспомню(我怎么也想不起来),вспомнить/поминать *кого-что-л.* добром/добрым словом(不忘……好的方面、记住……的好处),не вспомнить себя от *чего*(忘乎所以、忘形),не вспомнить себя от гнева(气得发昏,气急败坏),вспомнишь черта—он и появится(想起鬼,鬼就来了;说曹操,曹操就到),пройти перед *кем-чем* или接 в мыслях, в воображении(⟨转⟩脑海中出现、回忆起)②,дай бог память/памяти(⟨口⟩让我想想),приводить на память(使想起),воскрешать в памяти(再现、回忆起)等。如下例句:

Тихие и чистые ощущения детских лет **приходили ему на память**, *когда он так же, закрыв глаза, лежал в траве где-нибудь в степи, и солнце так же калило его тело, и так же гудели вокруг пчелы и шмели, и пахло горячей травой, и мир казался таким родным, прозрачным и вечным.* (А. А. Фадеев)

他想起童年那平静、纯洁的感受,当他闭上眼睛,躺在某一处草原的草茵之中,太阳就这样晒着他的身体,周围蜜蜂和黄蜂也如此嗡嗡作响,散发着热草的气味,整个世界好像如此亲切、洁净与永恒。

除以上表征以外,依据 вспоминать 与 память² 的对应关系,排除不相关词汇(如 коснуться 等)后,我们将 Н. А. Абрамов 所指出的 вспоминать 的表征③ 总结如下:вспомянуть, упоминать/упомянуть, припоминать/припомнить, поминать/помянуть(回忆起),перебирать в душе/в памяти(想起、回忆起),спохватиться(忽然想起),схватиться(突然想起),освежить *что* в памяти(突然想起、恢复记忆),*кому* пришло в голову, *кому* вспомнилось *что*, осенить(忽然想出好主意等)以及 *о ком-чем* и пом ину не

---

① 张建华,等.现代俄汉双解词典[Z].北京:外语教学与研究出版社,1992:782.

② 张建华,等.现代俄汉双解词典[Z].北京:外语教学与研究出版社,1992:811.

③ Абрамов Н. А. Словарь русских синонимов и сходных по смыслу выражений [Z]. М.: Русские словари,1999:64.

· 77 ·

俄语语言世界图景中的观念场"ПАМЯТЬ"

было/нет（根本没有人想到、根本没有）。

其中"помин"的原意即为"〈旧〉回忆、回想"，"легок на помине кто〈口〉"指"(某人)经不起叨念；提到或想到谁，谁就来了；说到曹操，曹操就到"，也可视为"вспоминать"同义列中的一员，如下例句：

*Лейкин **легок на помине**：только что получил от него письмо.* (А. П. Чехов)

列伊金经不起叨念：刚刚就才收到了他的来信。

3. забывать/забыть

"忘记"，如同记忆，具有十分重要的地位。"历史是记忆与遗忘。记忆与遗忘即是生活。""'无'是'有'的一种形式。"[1]忘记实质上也是一种记忆，它"自身也是信息的储存器"[2]。记忆是信息的储存库，"在这个储存库中不仅存在我们所记住的事物，也存在我们所忘记的事物。当我们说我们忘记了什么，这只是意味着我们失去了通往该信息的途径"[3]。也可以说，已知信息不仅包括被主体记住的信息，也包括被忘记的信息。记忆是一个多层级的信息系统，信息的清晰度由上至下、由表及里逐渐降低。忘记不等于信息没有或不曾存在。所谓被忘记的信息实质上是"沉睡的"已知信息，它存在于记忆信息系统的深层。例如：

(1) *Но **прошлое** и **забытое**—разные вещи.* (А. Г. Алексин)

然而，过去了的和被遗忘了的是两码事。

(2) *Подобно последним лучам заходящего солнца，прошлое скользит по моей памяти，освещает ее и **оживляет** в воображении многое из **забытого**.* (Ф. В. Булгарин)

如同夕阳的最后一束光芒，往事划过并照亮了我的记忆，在想象中唤起了许多被遗忘的往事。

---

[1] Хайдеггер М. Время и бытие. Статьи и выступления [M]. M.：Республика，1993：401.

[2] Ревзина О. Г. Память и язык [J]. Критика и семиотика，2006(10)：17.

[3] Зализняк А. А.，Левонтина И. Б.，Шмелев А. Д. Константы и переменные русской языковой картины мира [M]. M.：Языки славянских культур，2012：505.

第三章
观念场"ПАМЯТЬ"

(3) Именно там, на кладбище и возникает мысль, что многое, казалось бы, *забытое* в жизни, иногда *возвращается*, и начинаешь понимать то, чего не понимал и не чувствовал в свое время. (С. И. Алешин)

正是在墓地里忽然想到，好像有时会忆起许多生活中被遗忘的事儿，你也会开始懂得当时并不明白和没有意识到的东西。

反义词典指出的相关反义关系如下：

помнить 的反义词为 забывать[1];

помнить/вспоминать—забывать 为反义对[2];

在联想词典中有关记忆的词语存在如下反义联想：

помнить：забыть, забывать, амнезия（健忘症）, забывчивость, забытое, злопамятный（爱记仇的）[3];

вспоминать：забывать, забыть, амнезия, забытое, забыл[4];

память：забыть[5].

由此可见，位于 помнить, вспоминать, память 反义联想第一位的均为 забывать/забыть，这与反义词典中反映出的反义对相一致。

"помнить/вспоминать" 在 Л. А. Введенская 编著的反义词典中释义如下：

помнить/вспоминать—удерживать в памяти, не забывать（保存在记忆

---

[1] Абрамов Н. А. Словарь русских синонимов и сходных по смыслу выражений [Z]. М.：Русские словари, 1999：283.

[2] Введенская Л. А. Словарь антонимов русского языка [Z]. Ростов-на-Дону：Феникс, 1995：175.

[3] Черкасова Г. А., Уфимцева Н. В. Русский региональный ассоциативный словарь-тезаурус Еврас. От стимула к реакции：Т. 1 [Z]. М.：Моск. междунар. академия, 2014：174.

[4] Черкасова Г. А., Уфимцева Н. В. Русский региональный ассоциативный словарь-тезаурус Еврас. От стимула к реакции：Т. 1 [Z]. М.：Моск. междунар. академия, 2014：35.

[5] Черкасова Г. А., Уфимцева Н. В. Русский региональный ассоциативный словарь-тезаурус Еврас. От стимула к реакции：Т. 2 [Z]. М.：Моск. междунар. академия, 2014：472.

中、不忘记)①

Л. А. Введенская 将 помнить 与 вспоминать 均释义为"保存在记忆中、不忘记",我们并不赞同该观点。正如上文中已得出的结论,помнить 的不变义项为"保存在记忆中、不忘记",但确切来说,вспоминать 的释义则不然:

вспоминать:возобновить в своей памяти(忆起、想起、回忆起)②

前者为过去信息保存在人意识中的状态,而后者为人意识中再现过去信息的行为。如下例句:

(1)—*Помню*,*ваше высокоблагородие.*—*Нет*,*не помнишь*,*забыл*.*Припомни и подумай хорошенько*,*что из всего этого может выйти.*(Т. Г. Шевченко)

——大人,我是记得的。——不,你不记得,你忘了。好好想一想,从这一切中可以得出什么结果。

(2)*Старых друзей забывают*,*да при горе вспоминают.*(Пословица)

老友虽常相忘,但患难时总会想起。(谚语)

(3)*Держи на памяти*,*помни*,*не забывай.*③

请记着,并牢记,不要忘记。

забывать/забыть 在词典中释义如下:

забыть:перестать помнить,утратить воспоминание о ком-чем-н.(不再记得,失去对某人、某物的回忆)④

забывать/забыть:1. перестать помнить,утратить воспоминание о ком-

---

① Введенская Л. А. Словарь антонимов русского языка [Z]. Ростов-на-Дону:Феникс,1995:175.
② 张建华,等. 现代俄汉双解词典[Z]. 北京:外语教学与研究出版社,1992:119.
③ Даль В. И. Толковый словарь живого великорусского языка:В 4 т. Т. 3 [M]. М. :РИПОЛ классик,2006:14.
④ Ожегов С. И. ,Шведова Н. Ю. Толковый словарь русского языка:80 000 слов и фразеологических выражений [Z]. М. :А ТЕМП,2006:198.

第三章
观念场"ПАМЯТЬ"

чем-н.；2. упустить из памяти, не вспомнить（忘记、想不起来）①

забывать：забыть *что*. позабывать. упускать из памяти, не помнить：запамятовать。②

另外，Л. А. Введенская③ 对 забывать 的释义与 С. И. Ожегов，Н. Ю. Шведова 相同。

综上可知，забывать/забыть 的不变意义为"перестaвать помнить, утрачивать воспоминание о ком-чем-л."（不再记得、失去关于某人或某物的回忆）。

"从语义学的角度，任何的反义词在自己的意义中都具有反映在释义中的超义子。"④（архисема）根据该观点，反义对"помнить/вспоминать—забывать"应具有共同的义素，对比我们在上文中得到的三者的不变意义：

помнить：удерживать в памяти, не забывать（保存在记忆中、不忘记某信息）；

вспоминать：возобновить в своей памяти（在记忆中再现某信息）；

забывать/забыть：переставать помнить, утрачивать воспоминание о ком-чем-л.（不再记得，失去关于某人某物的回忆）。

除此之外，从同义列 помнить 与 память о ком-л. живет（对某人的记忆犹新）、память не изгладится（记忆没有被磨灭）中⑤，我们可以看出，三者的不变意义中均含有义素 память（记忆），并且忘记或记忆的对象均为 прошлое（过去），因此有理由认为 прошлое 为反义对 помнить/

---

① 张建华，等. 现代俄汉双解词典[Z]. 北京：外语教学与研究出版社，1992：246.

② Даль В. И. Толковый словарь живого великорусского языка：В 4 т. Т. 1 [M]. М. ：РИПОЛ классик, 2006：611.

③ Введенская Л. А. Словарь антонимов русского языка [Z]. Ростов-на-Дону：Феникс, 1995：175.

④ Лебедева М. Ю. Концептуальное поле "Детство" и его репрезентация в русском языке [D]. М. ：Государственный институт русского языка, 2013：74.

⑤ Абрамов Н. А. Словарь русских синонимов и сходных по смыслу выражений [Z]. М. ：Русские словари, 1999：257.

俄语语言世界图景中的观念场 "ПАМЯТЬ"

вспоминать—забывать 隐含的超义子。Помнить——保存过去某信息，вспоминать——再现过去某信息，забывать——失去过去某信息。记忆与过去密不可分，例如，句子"Я забыл о его прообе"的预设为"Он обращался ко мне с просьбой. И этот факт сохраняется в моей памяти"，此时的过去信息（прошлое）为"Он обращался ко мне с просьбой"。Прошлое（过去）为观念场"ПАМЯТЬ"的重要成素之一，这一点我们将在下文中具体论述。

另外值得一提的是，固定表达"Не забыть себя"表"忘不了自己的利益"，而不是针对过去的某信息，所以不在"ПАМЯТЬ"观念场的中心区域之内。而当 забыться 或 забытье 等表"失去知觉"时，则位于该场的远外围区域。

根据词典释义，我们总结出 забывать/забыть 的词汇表征有：

забыться（被遗忘、忘掉），выветриваться/выветриться（气味消散；消失、失去；忘记），перезабыть（忘记许多事，许多人），подзабыть（有些忘记、记不清楚、有些遗忘），рассеивать/рассеять（使忘却），преминуть（不忘记），блекнуть/поблекнуть（记忆、印象等变得模糊不清），изглаживать/изгладить（忘掉、使磨灭），изглаживаться/изгладиться（印象、记忆等）消失、遗忘），запамятовать（忘记），заспать（睡一觉把某事忘掉），позабывать/позабыть（忘记），не упомнить，не запомнить（不记得）。[1]

我们将 забывать/забыть 词汇层面外的表征根据语义特征分为以下几组：

第一组，在主体主观意识下的忘记行为：

（1）выбросить из головы/сердца/памяти（忘掉、抛开某念头、置之脑后）；

（2）выкинуть из головы/сердца/памяти（忘掉、置之脑后、不再想）；

（3）выметать из сердца/памяти（从记忆中扫除）；

（4）вытряхнуть из головы/памяти（从记忆中赶走某想法、念头等）；

（5）вычеркнуть из（своей）памяти *кого-что*（从记忆中删除、忘记）；

---

[1] 张建华，等.现代俄汉双解词典[Z].北京：外语教学与研究出版社，1992：272.

第三章
观念场"ПАМЯТЬ"

(6) изглаживать из памяти/сердца(使从记忆中磨灭、使从心中消失、忘却);

(7) выпускать из памяти/ума/мыслей(忘记);

(8) изгонять из памяти/головы/сердца(从记忆中驱逐、忘却);

(9) вырывать из сердца——заставить себя забыть *кого-что-н.*, перестать думать о *ком-чем-н.*(强迫自己忘记、不再想);①

(10) выбить из головы(摆脱……念头、印象等);

(11) изменять памяти *кого-л./чьей-л.*(不再怀念、忘却);

(12) предать забвению(永远忘记);②

(13) выбросить из головы/сердца/памяти *кого-что*;③ упускать из памяти;④

(14) в мирных условиях не забывать об опасности(居安思危);

(15) живя в спокойствии, не забывать об опасностях(居安思危);

(16) забывать о добре, сделанной другими, и презирать долг(忘恩负义);

(17) забывать о долге при виде выгоды(见利忘义);

(18) не забывать старых друзей(念旧);

(19) забыть путь/дорогу *куда*(不再到某处去);

(20) забудешь (и) чесаться(什么都会忘、什么都会顾不上);

(21) не забыть/помнить до свежих/новых веников 惩罚某人时的用语(揍你,叫你一时半会儿忘不了);

---

①Русский семантический словарь. Толковый словарь, систематизированный по классам слов и значений. Под общей ред. Н. Ю. Шведовой: Т. IV [Z]. М.: Азбуковник, 1998:250.

②Русский семантический словарь. Толковый словарь, систематизированный по классам слов и значений. Под общей ред. Н. Ю. Шведовой: Т. IV [Z]. М.: Азбуковник, 1998:250.

③Русский семантический словарь. Толковый словарь, систематизированный по классам слов и значений. Под общей ред. Н. Ю. Шведовой: Т. IV [Z]. М.: Азбуковник, 1998:250.

④Абрамов Н. А. Словарь русских синонимов и сходных по смыслу выражений [Z]. М.: Русские словари, 1999:119.

俄语语言世界图景中的观念场
"ПАМЯТЬ"

(22)забыть думать о ком-чем（不再想、不再……放在心上）；

(23)забыть чью хлеб-соль（忘记某人的好处或款待、不知感谢、受惠不谢）；

(24)Что/ты/он там/тут забыл?（〈口，贬〉我/你/他还到那里去/这里来干什么？）（指在该处已无事可做，没有必要去）。

如下例句：

(1)*Он сказал матери моей, чтоб она **выбросила из головы** химерическую мысль выйти замуж за москаля, а особливо военного.*（Н. А. Дурова）

他劝我的母亲，让她抛弃嫁给莫斯科佬的荒诞想法，尤其是不要嫁给当兵的莫斯科佬。

(2)*Все перенесенное за последние годы — просто **вычеркнул из памяти**.*（А. И. Солженицын）

(他)只不过将近年来所经受的一切置之脑后。

第二组，非主体主观意识下的忘记，即信息本身自动消失：

(1)стирается/стерлась память о чем（忘记）；

(2)вон из памяти（完全忘记）；

(3)выскочило из головы（забылось）（被忘记）[①]，也可表达为 выйти из памяти；

(4)выпасть из памяти/головы/ума（从记忆中消失）；

(5)выскочить из головы/ума/памяти（被忘记）；

(6)изглаживаться из памяти/сердца（从记忆中磨灭、从心中消失、忘却）；

(7)исчезнуть из памяти（从记忆中消失、忘记）；

(8)порасти травой забвения（〈书〉早已被遗忘）；

(9)вылетело из головы что（〈口〉突然忘记）；[②]

(10)что стерлось из памяти（从记忆中消失）。

如下例句：

(1)*Мальчишки, сады, игры, шалости — все это **мгновенно вылетело из**

[①] 张建华,等. 现代俄汉双解词典[Z]. 北京：外语教学与研究出版社，1992：139.

[②] Русский семантический словарь. Толковый словарь, систематизированный по классам слов и значений. Под общей ред. Н. Ю. Шведовой: Т. IV [Z]. М.: Азбуковник, 1998:250.

第三章
观念场"ПАМЯТЬ"

головы.（А. И. Свирский）

小孩子们、花园、各种游戏和恶作剧——瞬间忘记了这所有的一切。

（2）Этот случай произвел на меня глубокое впечатление и не **изгладился из памяти**.（П. А. Кропоткин）

这件事给我留下深刻的印象，无法从记忆中抹去。

第三组，在外界刺激物的影响下忘记：

（1）отвлекать *кого* от воспоминаний（使忘却）；

（2）оторвать *кого* от воспоминаний，例如：

Верочка глядела на него и думала，чем бы **отвлечь** *Петра Авксентьевича* **от воспоминаний**．（В. Лихоносов）

薇拉边看着她边想，用什么才能使彼得·阿夫克森齐耶维奇摆脱回忆。

除此之外，还有一些处于观念"забвение"边缘区域的表征：

（1）кануть в Лету（沉入勒忒河、完全被遗忘、被忘得无影无踪）；

（2）вертится в голове/на языке *что*（某事老在脑子里转，却一时记不起来）；[①]

（3）отойти в область предания/воспоминаний/истории 或 принадлежать/относиться к области предания/истории（不复存在、消失、成为遥远的过去、成为历史陈迹）；

（4）травой/быльем поросло（〈口〉忘得一干二净、事过境迁）；

（5）топить（свое/наше）горе в вине（喝酒解愁、以酒浇愁）；

（6）запивать горе/тоску/кручину（借酒消愁）；

（7）что у кого в одно ухо вошло，в другое вышло（左耳进，右耳出；刚听到，就忘了）；

（8）упустить из виду *что*（疏忽，未注意，忘记）[②]或 выпускать из виду。[③]

[①] 张建华，等. 现代俄汉双解词典[Z]. 北京：外语教学与研究出版社，1992：78.

[②] 张建华，等. 现代俄汉双解词典[Z]. 北京：外语教学与研究出版社，1992：87.

[③] Абрамов Н. А. Словарь русских синонимов и сходных по смыслу выражений [Z]. М.：Русские словари，1999：119.

俄语语言世界图景中的观念场
"ПАМЯТЬ"

如下例句：

（1）*Кажется , что так легко припомнить , так и* **вертится в голове** *, мучительно близко вертится , а что именно—не знаю.*（В. М. Гаршин）

好像,想起来是如此容易,就这样老在脑子里转,近乎想起来,但是具体是什么——我不知道。

（2）*Не знаю вашего имени-отчества … Ну , все равно , у меня* **в одно ухо вошло , в другое вышло.**（Ф. М. Достоевский）

我不知道您的名字和父称……嘿嘿,反正,我总是左耳进,右耳出。

(三)场的近外围区域成员

根据与观念场核心 память 与中心成员的联想关系远近与使用频率高低,我们认为, напомнить, прошлое, знания, я, свои, пространство, эмоция 位于观念场"ПАМЯТЬ"的近外围区域。

1. напомнить

Напомнить 在词典中的释义如下：

напомнить：вызвать воспоминания；заставить *кого-н.* вспомнить（引起回忆、使某人想起）[1]；

напоминать：приводить на память, подсказать забытое, надоумить словом или делом, заставляя помнить *что*（引起回忆、提醒忘记的事物、用言语或行为来指点以使人想起某事）[2]；

напомнить：освежить в *чьей-л.* памяти *что-л.*, заставить вспомнить о *ком-чем-л.*（唤醒某人记忆中的某物、使回想起某人某物）[3]。

综上可知, напомнить 的不变语义为"使某人想起某人或某物",它作为 помнить 的同根动词,指出了记忆主体人与记忆内容以外的成分,即使记忆重现的刺激因素。

---

[1] Ожегов С. И. , Шведова Н. Ю. Толковый словарь русского языка：80 000 слов и фразеологических выражений [Z]. М. ：А ТЕМП , 2006：389.

[2] Даль В. И. Толковый словарь живого великорусского языка：В 4 т. Т. 2 [M]. М. ：РИПОЛ классик , 2006：457.

[3] Большой толковый словарь русского языка под ред. Кузнецова С. А. [Z]. СПб. ：Норинт , 2000：594.

第三章

观念场"ПАМЯТЬ"

下面我们简要论述场中心成员 помнить、вспомнить、забыть 与近外围区域成员 напомнить 四者之间的关系，借此认识记忆在俄罗斯人民意识中的存在方式。

为加强对比，我们再次列入 ВСПОМНИТЬ 的词典释义：

ВСПОМНИТЬ：在记忆中恢复事物、以思维的形式主体回到过去；突然以思维的形式恢复已忘记的事物或失去的事物①。

词语 помнить（记得）指的是人意识中有关过去信息的一种静态存在方式，而词语 вспомнить（回忆）则强调了思维返回到过去或者在意识中重现某过去信息，即强调了该行为的动态性。

词语 забывать 实质上也指出了记忆存在的不同方式，指出了记忆"深眠"的一种状态，并不等同于不存在或不曾存在。词语 нет/не было 意味着某人、物、行为等不存在或不曾存在，而词语 забвение，它只是说明某些信息在人意识中暂时被隐藏起来。

动词 напомнить 指出，某记忆片段暂时"酣睡"，之后在刺激因素的影响下记忆得以"苏醒"。Напоминать 实质上暗示了复现记忆的过程中刺激物起到了一定的作用。海纳·米勒认为，回忆由惊恐引发，而我们则认为回忆是由刺激物与记忆中某事物间的相似联想而引发。

按照以上四者间的相互关系，可建构连续列"помнить—забывать—напомнить—вспомнить"，该连续列反映了某过去信息不断运动的过程：某过去信息存在于人的意识中——该信息暂时被隐藏——某因素作用于人脑，对该信息产生刺激——被隐藏的信息重新浮现于意识之中。因此，可以将 забвение 看作"隐性的记忆"，而 помнить 则指向"显性的记忆"。如下例句：

(1) Я **помню** чудное мгновенье：

передо мной явилась ты，

Как мимолетное виденье，

Как гений чистой крастоты．(А. С. Пушкин)

---

①Ожегов С. И．，Шведова Н. Ю．Толковый словарь русского языка：80 000 слов и фразеологических выражений［Z］．М．：А ТЕМП，2006：105．

| 俄语语言世界图景中的观念场
"ПАМЯТЬ"

我记得那美妙的一瞬：

你出现在我面前，

犹如转瞬即逝的幻影，

犹如绝美的化身。

(2) *Ты можешь для него **забыть** весь мир ,*

Сгорать от зноя , леденеть от стужи . (В. М. Инбер)

你可以为了他忘记整个世界，

因热烈而不安，因冷漠而无情。

(3) *Я должна тебе **напомнить** это , ибо я правдива и для меня нет ни печали , ни радости , ни добра , ни зла…* (М. Горький)

我应该提醒你这事，因为我是老实人，而且对于我来说，没有悲伤，亦没有喜悦，无善，亦无恶。

(4) *Мне хоть будет что **вспомнить** перед смертью , а вам , кроме скуки—ничего .* (А. Архангельский)

临死前我还有点什么可以来回忆，而您，除了寂寞以外——什么都没有。

最后，我们在 З. Е. Александрова 主编的《俄语同义辞典》[①]、Н. Абрамов 主编的《俄语同义词与同义表达词典》[②]与俄汉词典等，总结出 напоминать 的语言表征为：

1. подсказывать（提醒）

（1）вызывать память/вызывать что в памяти（引起回忆、使想起）；

（2）приводить на память/на ум（提醒、使……想起）；

（3）будить воспоминания о ком-чем（唤醒回忆）；

（4）всколыхнуть в ком какие-то воспоминания（掀起回忆）；

（5）напоминать прошлое（唤醒对往事的回忆）

如下例句：

[①] Александрова З. Е. Словарь синонимов русского языка [Z]. М. : Рус. яз. , 2001:227.

[②] Абрамов Н. А. Словарь русских синонимов и сходных по смыслу выражений [Z]. М. : Русские словари , 1999:198.

第三章
观念场"ПАМЯТЬ"

（1）*Неудивительно, что черноволосый силуэт пляшущей цыганки на фоне лимонного цвета реки **вызвал в памяти** «золотое руно».*（И. А. Бродский）

在浅黄色河流背景下黑发吉卜赛女人的舞动侧影使人想起"（希腊神话中）金羊毛"，这不足为奇。

（2）*Но вот скажите, что сейчас-то **натолкнуло вас на эти воспоминания**?*（Ю. О. Домбровский）

请问，现在是什么勾起了您的这些回忆？

另外，值得一提的是，复现记忆的行为也存在不需要刺激物的时候，即记忆主体不由自主地想起某过去信息。相应的句法表征中，主体通常为第三格无人称形式，如 *кому* вспомниться，прийти *кому* в голову，помниться，запомниться，припомниться 等。

（1）**Мне вспомнилось**, *каким добрым другом была для меня книга во дни отрочества и юности, и особенно ярко встала в памяти жизнь на маленькой железнодорожной станции между Волгой и Доном.*（А. М. Горький）

我回想起来，少年时代与青春时期时书对于我来说是多么好的朋友，在伏尔加河与顿河间小铁路站的生活在记忆中尤为鲜活。

（2）*Как будто, кроме того счастья, которое она испытывала, было другое, недостижимое в этой жизни счастье, о котором она **невольно вспомнила** в эту минуту.*（Л. Н. Толстой）

好像，在这一刻，除了她所感受到的幸福，她还不由自主地回忆起生命中其他的不能实现的幸福。

2. прошлое

记忆与时间密不可分，没有记忆，人就不能存在于时间之中，记忆是人对时间的投射。А. П. Алексеев 在其编著的《Краткий философский словарь》（《简明哲学词典》）中指出，"记忆有着十分重要的作用，记忆能够保存下经验，并存在于过去与现在之间，记忆甚至在过去、现在与将来三者之间搭建了桥梁"[①]。Д. С. Лихачев 认为，"多亏记忆，过去进入了现在，与过去结合

[①] Алексеев А. П., Васильев Г. Г. Краткий философский словарь：2-е изд. [Z]. М.：РГ-Пресс，2012：356.

· 89 ·

俄语语言世界图景中的观念场
"ПАМЯТЬ"

的现在似乎能预测未来"①。В. И. Даль 也曾指出,"记忆与过去相关,而结论、推测与想象均与未来相连。对未来的预见与对过去的记忆相对应"②。如:

（1）*Без **памяти**—мы были бы существами мгновения. Наше **прошлое** было бы мертво для **будущего**. Настоящее, по мере его протекания, безвозвратно исчезало бы в **прошлом**.*（С. Л. Рубинштейн）

如果没有记忆,我们就只存在片刻。对于未来,我们的过去也会不复存在。而现在,随着自身的流逝,也将消失在过去之中一去不返。

（2）*Зная **прошлое**, легче понять **настоящее** и представить себе **будущее**.*③

知道了过去,就会很容易明白现在与想象未来。

Прошлое 的词典释义为:

Прошлое:прошедшее время, минувшие события（过去的时间、往事）④;

Прошлое:о минувшем времени, прошлой жизни（过去的时间、过去的生活）⑤。

联想词典中可见记忆与 прошлое 的密切关系:

ПОМНИТЬ:прошлое, о прошлом, былое⑥;

---

①Лихачев Д. С. Письма о добром и прекрасном [M]. М.:Дет. лит., 1989:199.

②Даль В. И. Толковый словарь живого великорусского языка:В 4 т. Т. 3 [M]. М.:РИПОЛ классик, 2006:14.

③Словарь синонимов русского языка. Под руководством Ю. Д. Апресяна: Второе издание [Z]. М.:Школа «ЯЗЫКИ СЛАВЯНСКОЙ КУЛЬТУРЫ», 2003:896.

④Ожегов С. И., Шведова Н. Ю. Толковый словарь русского языка:80 000 слов и фразеологических выражений [Z]. М.:А ТЕМП, 2006:628.

⑤Большой толковый словарь русского языка под ред. Кузнецова С. А. [Z]. СПб.:Норинт, 2000:1038.

⑥Черкасова Г. А., Уфимцева Н. В. Русский региональный ассоциативный словарь-тезаурус Еврас. От стимула к реакции:Т. 1 [Z]. М.:Моск. междунар. академия, 2014:174.

第三章
观念场"ПАМЯТЬ"

ВСПОМИНАТЬ:прошлое,былое,ностальгия(留恋过去),о прошлом,старое,о былом,что было,думать о прошлом,назад в прошлое[①]。

记忆总是面向"过去"(прошлое),记忆的客体就是过去的客观信息或是对人过去的认识(如记忆的客体可以为情感)。过去存在于记忆中,并且在主体进行回忆(воспоминание)的时候以口头或者书面的形式言语化。正如 Б. Рассел 所持的观点,记忆中的事物即为过去的事物。该观点在一些俄语惯用词组中也有所体现,如 память о прошлом/о далеком/о прошедшем/об ушедшем/о минувшем(对过去的记忆),память о далекой жизни/о детстве(对过去生活/童年的记忆)等。如下例句:

(1)*В новогоднюю ночь он стал **вспоминать прошлое**, а потом вдруг сказал:"Заботиться надо о живых"*.(С. Лесков)

新年夜他想起了过去,然后突然说"应该关心活着的人"。

(2)*Все постороннее,все прошлое **исчезло из памяти**,а если и появлялось в ней временами,то в виде бесформенных обрывков*.(Э. Г. Казакевич)

其他所有的一切、所有的过去都从记忆中消失了,即使有时再出现,也是一个个模糊的碎片。

时间如同一条河流,"现在"不停地走向"未来",与此同时,每一秒的"现在"都成了"过去"。因此可以说,记忆产生过去,但回忆"产生于现在,产生于印象开始的时刻"[②]。试比较:

(1)***Время** течет, превращая мгновения в **память***.(Е. Б. Бондаренко)

时间在流逝,并把瞬间变为记忆。

(2)*Из далекого **прошлого память** встает*.(Ювиния)

记忆诞生于遥远的过去。

下面我们简要分析 прошлое 的语言表征:

[①] Черкасова Г. А., Уфимцева Н. В. Русский региональный ассоциативный словарь-тезаурус Еврас. От стимула к реакции:Т. 1 [Z]. М.:Моск. междунар. академия,2014:35.

[②] Ревзина О. Г. Память и язык [J]. Критика и семиотика,2006(10):16.

**俄语语言世界图景中的观念场
"ПАМЯТЬ"**

根据多部同义词典①②③④以及释义词典等，我们总结得出观念词 прошлое 的词汇表征有：былое，минувшее，прошедшее，прежнее，прожитое，старое，вчера，быль(〈旧〉)等。

*Вообще о **былом** своем они говорили мало，не любили рассказывать и，видимо，старались не думать о **прошедшем**.* (Ф. М. Достоевский)
他们很少谈自己的过去，也不喜欢讲，想必是努力地不去回忆往事。

词组层面的表征为，былые времена 与 вчерашний день 等；

其他层面的语言表征，根据它们的语义特征，可以分为以下几组：

第一组，记忆自身可以作为划分时间的标尺：

(1) в незапамятные времена (在远古时、在很久以前)；

(2) с незапамятных времен (自古以来、很久以前)；

(3) в незапамятные годы (远古时)。

*Свастика **с незапамятных времен** была одним из ведущих символов ариев，то естьираноязычных народов.* (В. Кузьмин)
万字自古以来就是雅利安人主要的象征之一，即伊朗诸语言民族的主要象征之一。

第二组，"过去"不复返，但以记忆的形式复现：

(1) отойти в прошлое (成为过去、一去不复返)；

(2) дело прошлое ([用作插入语] 已经是过去的事了、已经没有意义了)。

如下例句：

(1) —***Прошлое трудно исправлять***，—сказал он.—Однако мы

---

① Словарь синонимов русского языка. Под руководством Ю. Д. Апресяна：Второе издание [Z]. М.：Школа «ЯЗЫКИ СЛАВЯНСКОЙ КУЛЬТУРЫ»，2003：896.

② Словарь синонимов русского языка. Под ред. А. П. Евгеньевой：в 2 т. [Z]. Л.：Наука，Ленинградское отделение，1970：310.

③ Александрова З. Е. Словарь синонимов русского языка [Z]. М.：Рус. яз.，2001：404.

④ Клюева В. Н. Краткий словарь синонимов русского языка [M]. М.：Учпедгиз，1956：179.

第三章
观念场"ПАМЯТЬ"

обязаны с позиции прошлого смотреть на будущее, делать коррективы в подходе к делам. (Виль Липатов)

"过去难以改正,"他说,"但是我们一定要引以为戒,改正我们处理问题的态度。"

（2）*Что было, то было*; **прошлого не воротишь**. (И. С. Тургенев)

过去就是过去了;过去一去不复返。

（3）*Вид счастья молодого хозяина унижал Никиту и заставлял его, вспоминая свое **безвозвратное прошедшее**, болезненно завидовать.* (Л. Толстой)

年轻女主人的幸福模样损害了尼基塔的尊严,使他回想起自己一去不复返的曾经,他近乎病态地嫉妒起来。

（4）**Дело прошлое**, *не стоит и вспоминать*.①

过去就是过去了,甚至不值得去回忆。

第三组,прошлое 表示过去的生活方式(образ жизни):

（1）кто-л. с прошлым (某人仍采用以前不检点的生活方式);

（2）покончить с прошлым(结束过去、改变生活方式)。

*Она **покончила с прошлым**, бросила старые знакомства, продала все свои брильянты и перебралась на маленькую, скромную квартиру.* (К. М. Станюкович)

她抛弃了过去的生活方式,不再与老熟人来往,卖掉了自己所有的钻石,搬到了简陋的小房子。

第四组,прошлое 即为存在,没有记忆等同于不曾存在("нет памяти, значит, не было")。例如,помин 的原意为"回忆、回想",与其相关的词组如下:

（1）в помине не было(从未有过、根本不存在);

（2）и в помине нет/не было кого-чего(根本没有);

（3）(и)помин простыл кого-чего(连影儿都没有、无影无踪)。

---

①Большой толковый словарь русского языка под ред. Кузнецова С. А. [Z]. СПб.: Норинт, 2000:1038.

| 俄语语言世界图景中的观念场
"ПАМЯТЬ"

— *Батюшка , всем известно , что у вас было большое достояние , а теперь его **и в помине нет**.* (Е. А. Салиас)

父亲,所有人都知道,我们曾经有大笔财产,而现在没有了。

3. знания

我们先认识 знания(知识)的词典释义：

Знание：

(1) См. Знать ；

(2) *Результаты познания , научные сведения*(认识的结果、科学知识)；

(3) *Совокупность сведений в какой-н. области*(某一领域的知识总和)①.

记忆的内容可以是某一部分知识,如：

(1) ***Знания*** *освежились.*

知识重新回忆起来了。

(2) *Некоторые **знания** очень прочно сидят в памяти.*

某些知识牢记不忘。

(3) *Стать коммунистом можно…тогда , когда… **обогатишь свою память знанием** всех тех… богатств , которые …которые выработало человечество.* (А. Азольский)

只有用人类所创造出的所有财富来丰富自己的记忆时,才能够成为共产党员。

除此之外更重要的是,记忆是"以一定形式观念化为知识的储存库"②,记忆的内容囊括主体所有的已知信息。"记忆意味着知道"(Помнить означает знать)③,即在"*Я нечто помню*"中包含着"*Я нечто знаю*"的含义。

---

① Ожегов С. И. , Шведова Н. Ю. Толковый словарь русского языка：80 000 слов и фразеологических выражений [Z]. М. ：А ТЕМП , 2006：231.

② Зализняк А. А. , Левонтина И. Б. , Шмелев А. Д. Константы и переменные русской языковой картины мира [M]. М. ：Языки славянских культур , 2012：485.

③ Ревзина О. Г. Память и язык [J]. Критика и семиотика , 2006(10)：20.

第三章
观念场"ПАМЯТЬ"

  Знания 与 память 的密切关系在联想词典中也有所体现：

  ПОМНИТЬ：знать，думать，знание[1]；

  ВСПОМИНАТЬ：думать，воспринимать，знать，мышление，опыт，узнать[2]。

  可见，помнить 与 вспоминать 的联想词中均有 знать，并且 знание，опыт，узнать 也在 вспоминать 的联想列中。

  Опыт：совокупность знаний и практически усвоенных навыков，умений(知识与实践获得的技能总和)[3]

  Узнать：получить *какие-н*. сведения，знания *о чем-н*. (获得某信息、知识)[4]

  根据以上词典释义可见，опыт 与 узнать 的语义中均包含超义子 знания。

  另外，值得一提的是，在使用频率方面，знать 为 Д. В. Дмитриев 所总结的"篇章语料库数据中 750 个最常用的俄语词汇"[5]之一。

  从认知角度来说，"记忆将人与内外环境相互作用的结果以经验的形式保存"[6]。记忆"为行为中重复使用过去经验、重复返回意识领域提供了

---

[1] Черкасова Г. А.，Уфимцева Н. В. Русский региональный ассоциативный словарь-тезаурус Еврас. От стимула к реакции：Т. 1 [Z]. М. ：Моск. междунар. академия，2014：174.

[2] Черкасова Г. А.，Уфимцева Н. В. Русский региональный ассоциативный словарь-тезаурус Еврас. От стимула к реакции：Т. 1 [Z]. М. ：Моск. междунар. академия，2014：35.

[3] Ожегов С. И.，Шведова Н. Ю. Толковый словарь русского языка：80 000 слов и фразеологических выражений [Z]. М. ：А ТЕМП，2006：458.

[4] Ожегов С. И.，Шведова Н. Ю. Толковый словарь русского языка：80 000 слов и фразеологических выражений [Z]. М. ：А ТЕМП，2006：828.

[5] Толковый словарь русского языка. Под ред. Д. В. Дмитриева [Z]. М. ：Издательство «АСТ/Астрель»，2003：16—18.

[6] Когнитивная психология под ред. В. Н. Дружинина，Д. В. Ушакова [M]. М. ：Пер Сэ，2002：79.

俄语语言世界图景中的观念场
"ПАМЯТЬ"

可能"①。当面对新信息时,人能够有意识或者下意识地将记忆中的已知信息作为认知基础,将已知信息与新信息相对比,从而识别新信息是否已为自身所认识,或新信息与已知信息有无相似之处,例如:

(1) *Упоминать эту историю*, да и **вызывать в памяти** фигуру Василия Витальевича стало в советской печати невозможно. (И. Толстой)

在苏联报刊中去提及这段历史,甚至是唤起人们对瓦西里·维塔利耶维奇的回忆,都是不可能的。

(2) *Тут*, она **вспомнила** о письме и жадно бросилась его читать. (А. С. Пушкин)

她突然想起有封信,便立即跑去拿来看。

当人从记忆中获取已知信息时,Аристополь 认为,"就像从图书馆中寻找一本有用的书"(Память — библиотека)。记忆如同一个知识库的观点在如下俄语表达中也有所体现,如:шарить в памяти(在记忆中搜索)、рыться в памяти(在记忆中翻寻、努力回忆)、извлекать из памяти(从记忆中抽出)等。

Он роется в памяти и смутно дорывается, что держала его когда-то мать, и он, прижавшись щекой к ее груди, следил, как она перебирала пальцами клавиши, как носились плачущие или резвые звуки, слышал, как билось у ней в груди сердце. (И. А. Гончаров)

他努力地去回忆,依稀地想起来,以前母亲抱着他,他的面颊紧偎在她胸前,他注视着母亲的手指如何弹动琴键,倾听着母亲胸中心脏的跳动,或悲伤或欢快的音符飞扬着。

下面我们将分析 знания 的语言表征:

根据俄语同义辞典②③与释义词典等,我们归纳总结出 знания 在词汇层面的表征有:познания, сведения, ведение, разумение, знакомство,

---

① Чуприкова Н. И. Психика и психические процессы [M]. М.:Языки славянской культуры, 2015:382.

② Абрамов Н. А. Словарь русских синонимов и сходных по смыслу выражений [Z]. М.:Русские словари, 1999:134—135.

③ Александрова З. Е. Словарь синонимов русского языка [Z]. М.:Рус. яз., 2001:151.

понимание, опытность, навык, сноровка, умение(本事、才能), искусство, умеючи(〈副〉有所需要的知识)等。

另外,根据语义特征,观念"знания"词汇层面以外的语言表征(其中包括词组与谚俗语)可分为以下几组:

第一组,知识对于个人的重要性:

(1)Ученье — свет, а неученье — тьма(学则明,不学则暗);

(2)Знание человека возвышает, а невежество — унижает(〈谚〉知识提高一个人的地位,而无知有损一个人的尊严);

(3)Знания — сила(知识就是力量);

(4)благоговеть перед чьим-л. умом и знаниями(景仰某人的智慧与学识);

(5)зарыть (свои)знания в землю〔埋没(自己的)知识〕;

(6)блестеть знаниями(学识出众);

(7)Птица красна перьем, а человек уменьем(鸟美看羽毛,而人美看能力)。

由此可见,无论是在个人地位、实力方面,还是在个人魅力方面,知识都具有举足轻重的作用。

第二组,某人具有的知识与所知道的信息决定了其眼界:

Круг сведений и понятий — умственный горизонт, умственный кругозор, часть, специальность(信息与理解的范围,即为眼界、视野、领域与专业);

第三组,对知识的学习与追求:

(1)алчный к знаниям(渴望知识);

(2)бесконечность знания(学无止境);

(3)Учиться никогда не поздно(学习永远不晚);

(4)Век живи, век учись(活到老,学到老)。

*Он утверждал, что **знания безграничны**.*(С. Благов)
他坚信,知识是无尽的。

4. я

Я作为观念场"ПАМЯТЬ"的成素之一的原因在于:第一,人是记忆的

| 俄语语言世界图景中的观念场
| "ПАМЯТЬ"

主体。鉴于该点我们在上文中有所论及,此处不再赘述;第二,记忆对 Я (我)的自我认同具有重要作用,是区分"я"与"非 я"的标尺之一。

Я 的词典释义为:

1. служит для обозначения говорящим самого себя(用于指出说话者本人);

2. индивудуум как личность, осознающая самое себя(作为个性的个体,该个性清楚地认识到自己)。[1] 我们所指的 Я 与词典第二义项相符。

简单来说,正是"我"的记忆决定了"我"是"我"。记忆的建构与个性自我认同(самоидентичность)的确立密不可分,正如 А. Функенштейн 所言,"记忆能够构成自我意识的实质,任何一个'я'的存在都以记忆为前提"[2]。人如果没有对过去的记忆,就像树没有根,就会失去自我认知。每位个体的经验(记忆)差异,在一定程度上决定了个体区别性特征的存在,因此"я"与"非 я"得以区分。

(1) *Каждый человек — это память о самом себе.* (У. Вордсворт)

每个人都是关于自身的记忆。

(2) *Совершенный никто*, человек в плаще, *потерявший память*, *отчизну*, *сына*. (И. А. Бродский)

这个披斗篷的人,他丧失了记忆、失去了祖国与儿子之后,就完全什么人都不是了。

(3) *В этой команде каждая спортсменка — особая книга, каждая имеет свое прошлое.*

这支队伍中,每一位姑娘都是一本厚重的书,每个人都有过心酸的往事。

在 Александрова З. Е. 所编著的俄语同义词词典中指出了 я 的同义表达:о моя особа(или персона)〈谑〉; ваш покорный слуга〈旧,谑〉; аз многогрешный〈旧,宗教用语〉以及在篇章中的表达:автор этих строк,

---

[1] Ожегов С. И., Шведова Н. Ю. Толковый словарь русского языка:80 000 слов и фразеологических выражений [Z]. М.:А ТЕМП, 2006:915—916.

[2] Функенштейн А. Коллективная память и историческое сознание [C] // Лурье И. История и коллективная память. М.:Мосты культуры, 2008:16.

пишущий эти строки。①

Свой 的反义为：

чужой：

1. не свой；

2. постороний②。

我们根据王福祥与吴汉樱编著的俄语成语词典（2014），В. И. Зимин 与 С. Д. Ашурова 编著的俄语谚俗语辞典（1994）等，根据语义特征，可将 свой 的词组、谚俗语表征分为以下几组，此时 свой 表示属于"я"个性所有，即"自己的"，而非指"自己人的/自己人"。而其相对的 чужой 指"别人的、非自己的"，而非指性情不同或志趣不同的"外人"。

第一组，"自己的"代表某事或某物在自己的控制范围内：

(1) взять что в свои руки（把……拿在手中，或转义为"把……置于自己的掌控之中"）；

(2) брать в свои руки（承担起、掌握、管理）；

第二组，每位个体都应该有自己的智慧：

(1) Шуба-то отцовская, а ум должен быть свой（皮草是父亲的，但智慧应该是自己的）；

(2) Сын мой, а ум у него свой（儿子有儿子的想法，父母做不了主）；

(3) Всяк своим умом живет（各有各的智慧）；

(4) Всяк умен своим умом（同上）；

(5) Своим умом живи, а добрым советом не пренебрегай（主见要有，忠言要听）；

(6) Чужим умом в люди не выйти（利用他人的智慧不能出人头地）。

另外，每位个体拥有的事物也可以是除智慧外的其他东西：

(1) Всякому свое（各有各能干的事情，什么人什么命）；

---

① Александрова З. Е. Словарь синонимов русского языка [Z]. М.: Рус. яз., 2001:564.

② Александрова З. Е. Словарь синонимов русского языка [Z]. М.: Рус. яз., 2001:553.

（2）У каждого свой крест（各人有各命；每个人都有自己的难处）；

（3）Чужая душа — потемки（知人知面不知心）；

（4）В чужую душу не влезешь（同上）；

（5）На чьем возу сидеть, ту и песню（坐上谁的车，就唱谁的调；入乡随俗）；

（6）В чужой монастырь со своим уставом не ходят（入乡随俗）。

第三组，自己的总是最好的，自己的永远是第一位：

（1）В чужом глазу соринку видим, а в своем сучка не замечаем（别人小毛病我们都能看见，而自己的大毛病却视而不见；乌鸦落在猪身上——只看到人家黑，看不见自己黑）；

（2）В чужом глазу сучок видим, а в своем бревна не замечаем 或 Сучок в чужом глазу видит, а в своем бревна не замечает（〈谚〉看得见别人眼里的树枝，看不见自己眼中的原木；只见别人眼里有刺，不见自己眼里有梁）；

（3）Чужой грех грешнее（他人的罪孽更为深重）；

（4）Свой хлеб лучше чужого плова（自己的面包比别人的羊肉饭要好；只要是自己的东西，即使是不好的或不如人的，也是最好的）；

（5）Своя рубашка ближе к телу（自己的衬衣总是更贴身；人总是先想到自己的利益）；

（6）Всякая лиса свой хвост хвалит；Всяк кулик свое болото хвалит（王婆卖瓜，自卖自夸）；

第四组，勇于承担：

（1）Своя ноша не тянет（自己的负担不累人；勇于承担自己的责任，自己的负担自己承受，不会拖累他人；如果负担是自己的，即使很沉重，也不会感到累）；

（2）стоять на своих ногах 或 вставать на свои ноги（自立）；

（3）Живи своим трудом（自食其力）

第五组，对他人的事物不贪图、不插手，给予尊重：

（1）Свое береги, а чужого не теряй（珍爱自己东西的同时，不要把别人的东西弄丢。该俗语说明俄罗斯人虽然保护自己的东西，维护自己的利益，但是这一切都不会以牺牲他人的利益为前提。对他人、对他人的利益，都要给予尊重）；

（2）Искав чужого, свое потеряешь（寻找他人的东西，就会丢了自己的东西；过分追随他人，就会迷失自我）；

（3）Чужие деньги считать — не разбогатеешь（数他人钱财，自己发不了财）；

（4）Чужие деньги в кармане не живут（他人钱财留不住）；

（5）Чужой хлеб никто маслом не намажет（没人会在别人的面包上涂黄油。从这个俗语可以看出，不要羡慕、更不要贪图他人好的东西，也不要插手他人的事情）；

（6）Чужой хлеб приедчив（他人家的面包易腻口）。

从该组表征中可以看出，俄罗斯人对自己与他人之间的界限划分明确，将自己看成一个封闭的空间，认为自己的东西总是最好的。在保护自己利益的同时，不会伤害他人利益，也不会随便插手他人的事情，对他人的好东西也不去觊觎，不会因盲目追随他人而迷失自我。

5. свои

Свой 的词典释义中第五义项为：родной или связанный близкими отношениями, совместной деятельностью[①]，即"自己人的"，也可作为名词指"自己人"。此时 свой 并不指向说话人，而是指向作为 я 个体之外的性情相同或志趣相同的人。该意义可指向单独个体（свой человек），也可指向多位个体（свои люди）。

В. В. Красных 曾指出，"'свои-чужие'同'верх-низ''далеко-близко''хорошо-плохо'等，均为基本的文化元素，对应文化空间的深层原始意象"[②]。人们最先是通过空间（пространство）来认识世界，并且最初是以自身空间为界限（пределы），自身空间不可侵犯，如英语观念"隐私"（privacy）。若个人界限延伸到与他人的关系中，就出现"я — не я"（我—非我）的

[①] Ожегов С. И., Шведова Н. Ю. Толковый словарь русского языка: 80 000 слов и фразеологических выражений [Z]. М.: А ТЕМП, 2006: 704.

[②] Красных В. В. «Свой» среди «чужих»: миф или реальность? [M]. М.: ИТДГК «Гнозис», 2003: 297.

俄语语言世界图景中的观念场
"ПАМЯТЬ"

对立,进一步则形成一类人与另一类人的对立,即"свои люди（свои）— чужие"（自己人—外人）的对立；若个人界限延伸到国界上,就形成了"отечественник — иностранец"（同胞—外族人）的对立、"本民族—外民族"的对立。因此"свои -чужие"对立对在一个民族的语言意识中占有十分重要的地位。

自己人与外人是两个具有一定范围的独立封闭空间,如 в кругу своих（在自己人的小圈子里）；в среде своих（在自己人的小环境中）。

Даже в среде своих, близких, несчастнейший из смертных Царь Николай II-й был беспомощно одинок, весь во власти гнездившегося вокруг него своекорыстия, обмана и измены. (Н. П. Карабчевский)

逝者中最不幸的沙皇尼古拉二世甚至在自己人、亲近的人中都感到无助孤独,要知道他周围的当局中充满自私自利、欺骗与背叛。

如果说个人记忆具有个性自我认同的作用,那么"民族记忆"则具有民族文化自我认同（национально-культурная самоидентичность）的作用。民族的历史就是该民族成员共同的记忆。集体记忆构成了集体知识、集体潜意识。民族文化共同体成员的共同记忆是范畴化"свои"（自己人）的重要参数。

(1) *Акция «Бессмертный полк», проведенная 9 Мая, наглядно показала, насколько глубоко **в нас сидит память** о Великой Отечественной войне.* («Эксперт»)

5月9日举行的"不朽军团"活动鲜明地表现出,萦绕在我们心头的关于伟大卫国战争的记忆有多么深刻。

(2) *Потому что **родина** — это не красивые слова и не географические точки на бумаге. Это наша **общая память**, которую не отнять.* («Дагестан Post-Новости»)

因为祖国不是华而不实的辞藻,也不是画在纸上的地理位置。祖国是我们不可失去的共同记忆。

(3) ***Прошлое всегда с нами**, и я убежден, что никто и ничто не может снять с нас этот багаж.* (А. Анатолий)

往事永远同我们在一起,而且我相信,不论是谁,也不论是什么事,都无法从我们身上卸掉这个包袱。

（4）*Указывая на своеобразие Казахстана как полиэтической страны, Дресслер в то же время отметила предпринимаемые энергичные усилия по возрождению **национальной памяти** и **идентичности** казахов, сохранению культурного наследия.*（«Родина»）

德雷斯勒指出了哈萨克斯坦作为一个多伦理国家的独特性,同时也强调了在复现哈萨克人民族记忆与自我认同上与保存文化遗产在上所采取的力度。

Свои 的谚俗语表征有：

（1）Трус помогает не своим, а чужим.（〈谚〉帮助外人,而不帮自己人的人是懦夫）；

（2）На чужой сторонушке рад своей воронушке（〈谚〉人在异域,故乡的乌鸦亲）；

（3）Свои люди — сочтемся（〈谚〉自己人好算账）；

从它们的语义中我们可以看出,人们总是对自己人以及对自己人所共有的事物具有情感倾向。

除此之外,值得一提的是,"Никто не забыт, ничто не забыто"（任何人都不会被忘记,任何事都不会被遗忘）已成为俄罗斯集体记忆的表征,它对于每位俄罗斯人来说都不陌生,甚至作为一个词条被收入维基百科中。这句话是用来歌颂战士在伟大卫国战争中的功绩,它首次出现在 Ольга Берггольц 的诗句中,该诗是 1959 年专门为皮斯卡列夫墓地上的纪念碑而作,这个墓地里埋葬了许多列宁格勒保卫战的牺牲者。如今这句话十分流行,许多人将其视为成语。正如鞑靼斯坦共和国总统 Р. Минниханов 所言："'Никто не забыт, ничто не забыто',对于我们来说,是毫不动摇的道德法则,是我们所有社会存在的准绳（Википедия）。"这句话对于非俄罗斯语言文化共同体的成员来说会不明所指,只有熟知俄罗斯民族文化的人才知道这句话的含义并产生情感共鸣。在战争中人们所受的灾难、强烈的爱国主义精神,只有俄罗斯民族自身成员才能深切感知。民族记忆中承载的民族精神、民族价值观被一代代传承下去。

6. пространство

对于俄语语言世界图景来说,空间尺度十分重要。空间范畴"作为物

俄语语言世界图景中的观念场 "ПАМЯТЬ"

质世界的特征被理解为内部世界的规律性范畴"[1]。在俄语释义词典中，空间（пространство）的义项为：

Пространство: состояние или свойство всего, что простирается, распространяется, занимает место（所有延伸、扩展并占据空间的事物的状态与属性）; самое место, это простор, даль, ширь или глубь, место, по трем измерениям своим（某一地方本身; 位于远处, 具有一定宽度或深度的三维空间）[2];

Пространство: Одна из форм（наряду со временем）существования бесконечно развивающейся матери, харектеризующаяся протяженностью и объемом（与时间一样, 是不断发展物质的存在形式之一, 特点是具有一定范围和容积）[3]。

由上述词典释义可以看出，空间是一个封闭的范围，具有边界。人认识世界始于认识人自身，对世界的范畴化亦以自己的身体为准绳。"记忆"是一个空间，该空间的界限就是人意识的界限。可以通过空间隐喻来认识记忆，如 вместилище/хранилище/контейнер/сундук/кладовая/сокровищница/тайник памяти（记忆的贮藏器/仓库/集装箱/箱子/贮藏室/宝库/密室），держать в памяти（保存在记忆中），врезать/врезаться/западать в память（铭记），уйти/выпасть из памяти（从记忆中消失），вычеркнуть из памяти（忘记），перебирать в уме/в памяти/в мыслях（逐一回想、回忆）。记忆空间亦具有纵深度，如 в глубине/бездне памяти（在记忆的深处），нырнуть в глубины памяти（潜入记忆深处），на дне памяти/души（在记忆深处、在心底），застревать в памяти（陷在回忆中），глубоко залечь в памяти（埋藏在记忆中），закоулок памяти（记忆的僻巷）等。我们通过对上述表达中空间前

---

[1] Зализняк А. А., Шмелев А. Д. Компактность vs. рассеяние в метафорическом пространстве русского языка [C] // Зализняк А. А. Ключевые идеи русской языковой картины мира. М.: Языки славянской культуры, 2005: 424.

[2] Даль В. И. Толковый словарь живого великорусского языка: В 4 т. Т. 3 [M]. М.: РИПОЛ классик, 2006: 508.

[3] Ожегов С. И., Шведова Н. Ю. Толковый словарь русского языка: 80 000 слов и фразеологических выражений [Z]. М.: А ТЕМП, 2006: 622.

第三章
观念场"ПАМЯТЬ"

置词(в,на,из 等)的认识,即可得知,记忆是作为某种空间的存在。

(1) *На всю жизнь **в памяти** его **запечатлелся** взгляд чистых глаз девушки, его невесты, счастливый и любящий взгляд.* (Е. Е. Поповкин)

他未婚妻那充满幸福和爱情的纯洁目光终生留在他的记忆里。

(2) *Я не забыл о тебе, помню и все **храню в памяти**.* (А. П. Ладинский)

我没有忘记你,我记得并将一切铭记在心。

实质上,汉语中也存在暗指"记忆是一个空间"的表达,如:

关于"平和",他的记忆很深,因为他每次和家人去扫墓,在坟场里,他都看到大多数的墓碑上刻着这两个字,而且红红的像还有体温似的吸引他去抚摸,只要他往"平和"两字上一按,就按住了墓中人的故乡或祖籍。(林史敏《在地图上》)

值得注意的是,记忆只存在于主体自身的内部空间中,他人无法窥视或进入该记忆空间,如俄语中存在表达 всматриваться/заглянуть в свой память(回忆),但不能说*всматриваться/заглянуть в твой/чужой/его память。这一点与"душа""сердце"有所不同,他人的精神或内心世界可以通过某种方式进入,如 всматриваться/заглянуть в чужую душу(窥视他人内心),проникнуть в чужую душу/сердце(洞察他人内心)。

*Пусть будет хоть эта тетрадка, и, когда **память** моя вовсе сносится, я смогу **заглянуть в нее**, вспомнить.* («Новый Мир»)

除此以外,记忆范畴化空间还体现在,它划分了处于不同空间的"我"。回忆实质上是"记忆中的我(过去的我)"与"现在的我"之间进行的对话。言语中记忆常常被拟人化为另一个独立的"我",它影响现在"我"的价值判断。在俄语中有 память говорит/заговорила/нашептывает/не отпускает/мучит/убеждает(记忆说/开始说/嘀咕/不允许/折磨/劝说),голос памяти(记忆的声音),воспоминания заговорили(回忆说起话来)等相关表达。

(1) *О **память**! Ты одна **беседуешь** со мной.* (Е. А. Баратынский)

啊,记忆!只有你与我交谈。

(2) *А **память подсказывала** ему печальную поговорку: «Не любя жить — горе, а полюбишь — вдвое».* (А. М. Горький)

俄语语言世界图景中的观念场
"ПАМЯТЬ"

而记忆悄悄地告诉他一个可悲的俗语:"不爱生活——痛苦,而爱上生活——更加痛苦。"

Пространство 的其他表征还有:

(1) Каждому — свое пространство(每个人各得其所);

(2) смотреть в пространство(漫无目标地望着、茫然地望着)①;

(3) ругаться в пространство(不指名道姓地骂);

(4) вне времени и пространства(超越时空、不顾现实);

(5) пожирать пространство(飞奔)。

7. эмоция

当代科学认为,"人类心理学领域中最重要的是情感,它总是公开或潜在地伴随着任何一个命题,并以不同的方式反映在其中"②。原则上我们言语所表达的"不是单独的客体本身,而是对该客体产生的感觉与印象的总和"③。苏联著名的心理学家 Л. М. Веккер 曾说过,"与其说情感是主体人与其他事物间联系的一种表征,不如说情感就是主体人与其他事物间的联系本身,因为该联系不仅表现在表情、表意动作与语调上,还表现在语言手段本身"。也就是说,情感既处于主体人的内部,也处于主体人与外部世界的联系之中。

情感(Эмоция)的词典释义为:

Эмоция:душевное переживание, чувство(内心感受、感觉)④

---

① Фразеологический словарь русского языка. Авторский коллектив:проф. Федосов И. В., канд. ф. н. Лапицкий А. Н. [M]. М. :ЮНВЕС,2003:416.

② Буянова Л. Ю., Нечай Ю. П. Эмотивность и эмоциогенность языка:механизмы экспликации и концептуализации [M]. М. :ФЛИНТА·НАУКА,2016:9.

③ Кубрякова Е. С. Язык и знание. На пути получения знаний о языке:части речи с когнитивной точки зрения. Роль языка в познании мира [M]. М. :Языки славянской культуры,2004:16.

④ Ожегов С. И., Шведова Н. Ю. Толковый словарь русского языка:80 000 слов и фразеологических выражений [Z]. М. :А ТЕМП,2006:910.

・106・

第三章
观念场"ПАМЯТЬ"

人的过去以记忆的形式处于人的内部空间中,并以一种恒量的形式存在。而在哲学视域中情感可以分为短时情感与长时情感。短时情感,如高兴(радость)、忧伤(грусть)、忧愁(печаль)、害怕(ужас)等。长时情感,如爱(любовь)、痛恨(ненависть)、痛苦(горе)、苦难(страдание)、恐惧(страх)、愤怒(озлобление)、同情(сострадание)、欣喜(восторг)等。[①]

记忆与情感的相互作用有四种情况。第一种,"人—记忆—情感—现实"四者之间的关系受现实中某一刺激因素影响,该外在现实因素与人意识中的记忆相作用,从而产生了人内部的情感反应。情感反应或以言语化的形式输出,或以非言语化的形式输出。图示为:

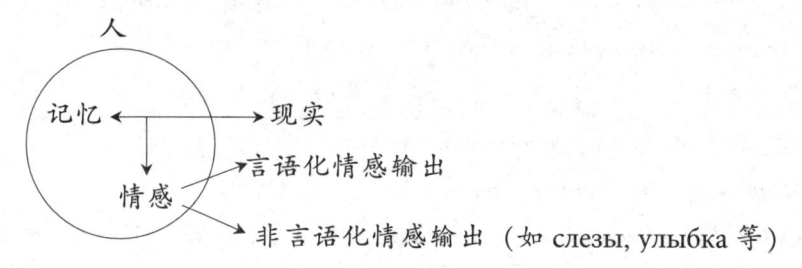

```
        人
    ╱       ╲
记忆 ←——→ 现实
    ↓
   情感 ——→ 言语化情感输出
        ——→ 非言语化情感输出 (如 слезы, улыбка 等)
```

不同的主体在面对同一现实中的刺激因素时,所产生的情感反应不同,这是因为不同主体的记忆信息有所不同。

(1) *Грустные воспоминания* подтачивают сердце, и все они там, в прошлом. (В. Астафьев)

悲伤的回忆侵蚀着内心,它们都在那里,在过去。

(2) *Мне грустно вспоминать* прошлое.

回忆往事我感到忧伤。

(3) Я есть то, что у меня есть: *тяжелая память* об отце и матери, о брате, о серой жизни. (Ю. Буйда)

我即是我所拥有的一切:有关父亲与母亲、兄弟、平淡生活的沉重记忆。

另外,著名符号学家 Ю. М. Лотман 曾在 1973 年提出,人类交际系统可以

[①] Буянова Л. Ю., Нечай Ю. П. Эмотивность и эмоциогенность языка: механизмы экспликации и концептуализации [M]. М.: ФЛИНТА·НАУКА, 2016: 202.

俄语语言世界图景中的观念场
"ПАМЯТЬ"

用两种方式加以构建，一是"我—他"型（Я-ОН），二是"我—我"型（Я-Я）。[①]因此，第一种记忆与情感相互作用的情况是，当人进行"我—我"型交际时，面对自身内心的记忆时，也会引发某种情感。如下例句：

（1）*Вспомнить — не просто выудить из **памяти** дату, место, суть и картинку события, но **восстановить ощущение** самой себя и свою взаимосвязь с миром в нужный момент.*（З. Синявская）

回忆——不仅是从记忆中抽出事件的日期、地点、实质与画面，而且是在必要的时候自己恢复对自身的感受以及自己与世界的相互联系。

（2）*Поездка эта врезалась в **память** настоящими, жизненными, а не театральными эмоциями.*（Сати Спивакова）

这次旅行以真正的、真实的、而非矫揉造作的情感闯入记忆中。

（3）*Лежит во мне одно **воспоминанье**.*

Я не могу и не хочу бороться:

*Оно — **веселье** и оно — **страданье**.*（А. А. Ахматова《Как белый камень в глубине колодца》）

在我内心深处躺着一个回忆。

我不想也不能与之抗争：

它是喜悦亦是痛苦。

第三种，意识中记忆的对象或内容也可能是情感本身，如表达"помнить разочарование"实质上是指"记得过去某一时刻所产生的失望感觉"。

（1）*До сих пор **помню чувство наслаждения**, которое я тогда испытала.*（Т. Л. Сухотина-Толстая）

至今我仍记得当时所体会到的愉快。

（2）*Сын тогдашнего министра юстиции В. Д. Набоков с детства **помнит радость**, которую выразил его отец, когда ему принесли телеграмму о моем аресте.*（В. Н. Фигнер и др.）

那时司法部部长的儿子纳博科夫从小就记得，当有人带来关于我被捕消息的电报时，他父亲所表现出的喜悦。

[①] 赵爱国. 语言文化学论纲[M]. 哈尔滨：黑龙江人民出版社，2006：151.

第三章
观念场"ПАМЯТЬ"

(3) *Грозные годы ушли в историю, оставив лишь **воспоминания о горе** и память о доблести...*(В. Синяговский, Е. Шатрова)

可怕的年代已经消逝在历史中,只留下了痛苦的回忆以及对忘我精神的记忆。

(4) *— И мои самые яркие впечатления — это не **воспоминания** о суперматче, не эпизод, а **ощущение**, что ты занимаешься своим делом, получаешь от тяжелой работы удовольствие и при этом еще выигрываешь.*(Д. Кувичка)

——我最清晰的印象——不是关于超市的回忆,也不是哪件具体的事,而是你专心于自己的事业,从繁重的工作中获得满足并在这种情况下仍然获胜的那种感觉。

(5) *Наступает период вялой мирной жизни, духовным содержанием которой становятся **болезненные воспоминания** о том, как много прежде было сахара и как мало — алкоголя...*(А. Волос)

消沉宁静的生活正到来,这一时期的精神内容成了痛苦的回忆:以前糖是那么多,而酒精是那么少……

(6) *Я помню длительные муки:*

Ночь догорала за окном;

Ее заломленные руки

Чуть брезжили в луче дневном.(А. А. Блок)

我记得那漫长的痛苦:

窗外夜色消逝;

它那弯向背后的双手

在白昼的晨曦中闪动。

第四种,总的来说,在俄语中与记忆相关的情感中,"любовь"(爱)占据突出地位[①],如 я тебя никогда не забуду(我永远不会忘了你)意味着"не перестану любить"(我不会停止爱你)。我们认为,毋庸置疑的一点是,究竟哪

---

① Брагина Н. Г. Память в языке и культуре [M]. М.: Языки славянских культур, 2007:176—183.

> 俄语语言世界图景中的观念场
> "ПАМЯТЬ"

种具体情感与记忆相连主要取决于个体的过去经验,即取决于过去的现实。

Эмоция 在词汇层面上的语言表征有:чувство,переживание,ощущение 等。①

实际上,эмоция 的语言表征通常都通过更具体的情感来表现,如"гнев"(愤怒)的语言表征,"любовь"的语言表征,"разочарование"(失望)的语言表征,"зависть"(嫉妒)的语言表征,"радость"(高兴)的语言表征,"обида"(委屈)的语言表征等,情感作为一个复杂多元的观念,应将其扩大到用观念场的理论去研究,本书中我们就此不做展开论述。

最后,值得一提的是,汉语中常用颜色来修饰记忆,如"粉红色的记忆""黑色记忆"等。俄语中亦是,常通过不同的颜色来表达不同的内心情感。例如:

(1)*Цвет счастья*, **цвет воспоминаний**, *цвет закатившегося дореволюционного девичества России казался ей тоже* **светло-сиреневым**.(Б. Л. Пастернак)

幸福的颜色、回忆的颜色、俄罗斯十月革命前青葱时期的颜色对于她来说同样是淡紫色的。

(2)*Но* **черные воспоминания** *тонули в каком-то розовом тумане, и легкомысленный Долгополов уже начал слагать в уме каверзное письмо князю Григорию Орлову*.(В. Я. Шишков)

但黑色的回忆陷入了某种粉红色的烟雾中,轻率的多尔戈波洛夫已经在心里开始书写给大公格里戈里·奥尔洛夫的令人费解的信。

例句中的紫色与黑色各有其象征意义。俄罗斯语言文化中淡紫色象征着创造力、光明的未来、留恋过去、警惕、敏感、不屈不挠、忍耐、持续与神秘;黑色象征着黑暗、死亡、吞没、负担与毫无希望。

(四)场的远外围区域成员

根据与观念场"ПАМЯТЬ"核心成员语义内涵的远近关系、使用频率以及鲜明度,我们总结出,观念场"ПАМЯТЬ"的远外围区域包括"память"的各种外化形式以及"память"边缘语义所承载的观念。

---

①Александрова Т. Е. Словарь синонимов русского языка [Z]. М.:Рус. яз.,2001:561.

第三章

观念场"ПАМЯТЬ"

记忆本身处于主体意识中,具有非物质性。但处于主体内部的记忆也具有其物化形式,我们将其称为"外化的记忆""物化的记忆"。如 памятные места(纪念地),памятные предметы/сувениры/памятные подарки(纪念品),память(纪念物),посвящения(献词),памятная/мемориальная доска(纪念牌),незабудка(勿忘草),памятка(记事本,备忘录),подарок(礼物),мемуары/записки(回忆录),纪念某人而著的作品(это книга посвящена памяти кого-л.),还有一些仪式 поминки(葬礼后为追悼亡者而设的酬客宴),тризна(追悼死者的酒宴),собрание/митинг/вечер памяти кого-л.(纪念会/大会/晚会)等,均为主体将其记忆外化、将无形记忆有形化的结果。它们的价值并非体现在作为实体的功能性上,而更多地在于对某文化或精神的表达。Памятник(纪念碑、纪念像)的词典释义为:"Скульптурное или архитектурное сооружение в память кого-чего-н."[①](为了纪念某人、某物而造的雕塑品或建筑物。),即它们的存在是为了表达对某事、某物的怀念,是俄罗斯日常生活中极其重要的记忆表征之一。其同义表达为:монумент,мемориал。[②] 值得注意的是,памятник 也位列于 Д. В. Дмитриев 所总结的"篇章语料库数据中 750 个最常用的俄语词汇"[③]之中。比如,莫斯科国立大学前的"памятник М. В. Ломоносову(罗蒙诺索夫纪念像)",莫斯科普希金广场上的"памятник А. С. Пушкину(普希金纪念像)"。此外,无名烈士墓(Могила Неизвестного Солдата)也属于物化的记忆,它是位于埋葬无名战士遗体处的纪念性建筑物,以纪念在战争中牺牲的无名烈士。[④]

纪念碑、纪念像已经成为一种文化象征(символ)。共时角度来说,不

---

① 张建华,等. 现代俄汉双解词典[Z]. 北京:外语教学与研究出版社,1992:642.

② Александрова З. Е. Словарь синонимов русского языка [Z]. М.: Рус. яз., 2001:317.

③ Толковый словарь русского языка. Под ред. Д. В. Дмитриева [Z]. М.: Издательство «АСТ/Астрель», 2003:16-18.

④ Русский семантический словарь. Толковый словарь, систематизированный по классам слов и значений. Под общей ред. Н. Ю. Шведовой: Т. II [Z]. М.: РАН. Ин-т рус. Яз., 2002:30.

> 俄语语言世界图景中的观念场
> "ПАМЯТЬ"

同的纪念碑或纪念像反映了不同民族的文化倾向;从历时角度来说,同一文化内部,同一对象的纪念碑、纪念像在数量上的变化也反映了不同时期的不同文化倾向。比如,俄罗斯境内的普希金纪念碑在数量上比任何其他国家要多;苏联解体后,列宁纪念像的数量比苏联时期少了很多。向坟墓或纪念碑献花圈、献花(возлагать венки/цветы на могилу/к памятнику)的行为、赠送行为(оставить /подарить на память)也是一种非语言表征形式。一些城市街道、商店、伟人的故居博物馆的命名也体现着城市记忆、民族记忆的内容,如 Менделеевская улица, Печоринский проспект 等街道名称。它们都是记忆的外化形式,存在于民族文化共同体的意识中。

除此以外,我们认为影响范围最大的记忆物化形式为"праздник"(节日)。其词典释义为:"день торжества, установленный в честь или в память кого-чего-н."(人们为庆贺或纪念某人、某物而制定的日子)①。无论是宗教节日,还是民族节日、家庭节日、官方节日,每一个节日都是为了纪念在某一范围内对其成员具有重要意义的某人、某物、某事,并且回忆行为反复再现。除节日外,юбилей(纪念日)与годовщина(周年)也是如此。

(1) *Археологическим институтом на 9-е марта учрежден ежегодный* **праздник в память** *основания института.* («Московская газета копейка»)

考古学院为了纪念学院建成,将3月9日设为其每年的节日。

(2) *В пятницу годичный* **праздник в память** *выхода нашего из университета.* (А. В. Никитенко)

星期五是为了纪念我们毕业的一年一次的节日。

如下俄罗斯节日,均为纪念某人或某事件而设立:введение, воздвижение/воздвижение креста господия, вознесение/вознесение господне, воскресение, крещение/крещение господне, пасха, покров пресвятой богородицы, преображение/преображение господне, пятидесятница, рождество/рождество христово, спас, сретение/сретение господне, троица/троицын день, успение/успение пресвятой

---

① Русский семантический словарь. Толковый словарь, систематизированный по классам слов и значений. Под общей ред. Н. Ю. Шведовой: Т. III [Z]. М.: Азбуковник, 1998:555.

第三章
观念场"ПАМЯТЬ"

богородицы, духов день, ильин день, николин день, петров день, рождество богородицы, юрьев день, иванов день, татьянин день, именины 等。

  正如上文所述,观念场内包含了某文化中以一定方式理解的人造物的总和(В. В. Красных)。无论是从语义关系、联想关系,还是从使用频率上来说,都有理由认为记忆的外化形式位于观念场"ПАМЯТЬ"中,确切地说,位于远外围区域中。物质或仪式化外形作为记忆的支撑者、载体,甚至是工具,使记忆变得鲜活。当然,除了记忆的外化形式外,作者语言个性中所体现出的观念场"ПАМЯТЬ"的特有成素,也位于该场的远外围区域中。

第四章
俄罗斯文学作品中观念场"ПАМЯТЬ"与作者语言个性

一、分析文学篇章中"观念场"是确定作者语言个性的一种途径

Ю. Н. Караулов 认为语言个性是"受人基因制约的对意识与符号系统进行操纵的一种倾向,是'大写的人'的语言对应体"①。В. В. Красных 认为,语言个性是"具有一定知识与认识总和的个性,该个性在言语行为中得以表现出来"②。赵爱国教授指出,语言个性既指作为语言主体的个体——"语言中的人"(язык в языке)或"说话的人"(человек говорящий)、"交际的人"(человек общающийся),也指"人说的语言"(язык в человеке)或"交际的语言"(язык в общении)③。

根据 О. А. Леонтович 的观点,个性在民族文化的土壤中生长,无意识或有意识地吸收"集体心智""历史记忆""民族精神"等。在人类生活的历史长河中,个体认同总是与集体认同交织在一起。可以确定的是,集体认同的概念包括地理、历史、文化等成素,每一个成素都给语言个性打下了深刻的烙印。④ 语言个性是人能力与特征的总和,这些能力与特征保证了人

---

①Караулов Ю. Н. Русский язык и языковая личность [M]. М. :Наука,1987:4.

②Красных В. В. Виртуальная реальность или реальная виртуальность [M]. М. :Диалог-МГУ,1998:17.

③赵爱国. 语言文化学论纲 [M]. 哈尔滨:黑龙江人民出版社,2006:110.

④Леонтович О. А. Русские и американцы:парадоксы межкультурного общения [M]. М. :Гнозис,2005:144.

第四章
俄罗斯文学作品中观念场"ПАМЯТЬ"与作者语言个性

对言语作品,即篇章(текст)的构建与理解。这些篇章:(1)语言结构的复杂程度不同;(2)反映现实的深度与准确性不同;(3)目标倾向不同。①

从语言文化的角度来说,语言文化(Лингвокультура)在语言中被"客体化"与"被解读"。鉴于研究的目的,可以将语言文化看作以民族语言构建的篇章作品的总和,这些篇章作品将民族文化与自我意识模式化。② 那么在语言文化学中什么是篇章呢?正如 В. И. Карасик 所言,"篇章的实质是人类文化现象",对篇章进行语言文化学研究的方法"在洪堡特及其追随者的成果中可见其根源,也包括在语言人类学代表(Hymes,1974;Duranti,1997)的成果中","该方法旨在阐明某民族心智的特点,这些特点是由该民族的历史所决定的,并反映在语言与先例篇章之中(Ю. Н. Караулов)、反映在观念域中(Д. С. Лихачев)、反映在文化观念中(Ю. С. Степанов)"③。根据 Ю. А. Сорокин 的观点,文学作品"具有等级排列的复杂语义属性,并且是对说话人意识中世界形象进行实体化的特殊方式"④。篇章是"语言学与文化学的真正衔接点,因为它属于语言且是语言的最高层级,同时,篇章也是文化的存在形式"⑤。

因此,篇章分析在语言文化学研究中的地位不可小觑。篇章研究属于对"大写的人"的研究,即对"语言中的人"及"人说的语言"的研究,因此有理由认为,分析文学篇章中"观念场"是确定作者语言个性的途径之一。将观念场"ПАМЯТЬ"的研究置于文学篇章的视域下进行十分必要。

---

① Караулов Ю. Н. Русская языковая личность и задачи ее изучения [C] // Шмелев Д. Н. Язык и личность:сб. статей. М. :Наука, 1989:3.

② Евсюкова Т. В. , Бутенко Е. Ю. Лингвокультурология:учебник [M]. М. :ФЛИНТА・НАУКА, 2014:462.

③ Карасик В. И. Языковой круг:личность, концепты, дискурс [M]. Волгоград:Перемена, 2002:189.

④ Сорокин Ю. А. Прецедентный текст как способ фиксации языкового сознания [C] // Василевич А. П. и др. Язык и сознание:парадоксальная рациональность. М. :Институт Языкознания РАН, 1993:98.

⑤ Евсюкова Т. В. , Бутенко Е. Ю. Лингвокультурология:учебник [M]. М. :ФЛИНТА・НАУКА, 2014:468.

俄语语言世界图景中的观念场
"ПАМЯТЬ"

就本书的研究对象来说，根据词语在篇章中的使用频率，Д. В. Дмитриев(2003)总结出"750 наиболее употребительных слов русского языка по данным корпуса текстов(篇章数据库中 750 个最常用的俄语词汇)"[1]，其中 вспоминать/вспомнить、забывать/забыть、память 以及 помнить 均位列其中。

二、布宁小说中的观念场"ПАМЯТЬ"[2]

本小节我们将分析布宁（И. А. Бунин）短篇小说中的观念场"ПАМЯТЬ"，以获得作者语言个性的一角。根据作者对记忆的理解，我们将语料分为四组进行分析。

第一组语料反映了记忆的内容可以是某整体的世界形象（某生活经验、社会现象、某物等）。反映在上下文中的整体形象是人过去认知经验的结果，它为说话人认识将来信息构建了知识背景与文化背景。

(1) ...*Вспоминается* мне ранняя погожая осень. Август был с теплыми дождиками, как будто нарочно выпадавшими для сева, — с дождиками в самую пору, в средине месяца, около праздника св. Лаврентия. А «осень и зима хороши живут, коли на Лаврентия вода тиха и дождик». Потом бабьим летом паутины много село на поля. Это тоже добрый знак: «Много тенетника на бабье лето—осень ядреная»...Помню раннее, свежее, тихое утро...Помню большой, весь золотой, подсохший и поредевший сад, помню кленовые аллеи, тонкий аромат опавшей листвы и — запах антоновских яблок, запах меда и осенней свежести. Воздух так чист, точно его совсем нет, по всему саду раздаются голоса и скрип телег. Это тархане, мещане-садовники, наняли мужиков и насыпают яблоки, чтобы в ночь отправлять их в город, — неп

---

[1] Толковый словарь русского языка. Под ред. Д. В. Дмитриева [Z]. М.: Издательство «АСТ/Астрель», 2003：16—18.

[2] 注：本节的部分内容已发表在俄罗斯刊物《Мир русского слова》2018 年第 1 期，文章名为：《Концепт ‹ память › в художественных текстах И. А. Бунина на фоне китайского языка》，本书作者为该篇文章的第一作者。

第四章
俄罗斯文学作品中观念场"ПАМЯТЬ"与作者语言个性

ременно в ночь, когда так славно лежать на возу, смотреть в звездное небо, чувствовать запах дегтя в свежем воздухе и слушать, как осторожно поскрипывает в темноте длинный обоз по большой дороге.

……我记得那晴朗的初秋。八月中旬,在圣拉弗连季节前下了几场小雨,是及时雨,好像有意为秋播下的。俗话说:"拉弗连季节水不大,秋冬日子乐开花。"接着是小阳春,田野里结了许多蛛网。这也是好兆头:"小阳春,蛛丝挂,秋天果子大。"……我记得那清凉宁静的黎明……我记得逐渐干爽疏朗起来的满目金黄的大果园,我记得枫树间的一条条小径,落叶的幽香,还有安通苹果香,蜂蜜香,以及秋的爽气。空气那么洁净,似乎根本不存在,园子里到处都是人声车声。租种园子的果贩们雇了些农民来摘苹果,要连夜运进城去——一定得夜里运,躺在大车上仰望繁星点缀着的天空,闻着爽人的空气中一些煤焦油味儿,听着一长串运货马车在黑暗中沿着大路小心翼翼地扎扎作响,那有多美啊![①]

该场景中记忆的内容不仅是"ранняя погожая осень"(初秋)本身,而是初秋所蕴含的整体形象,其中包括如下组成部分:时间("утро")、地点("сад"与"аллеи")、各种气味("аромат опавшей листвы""запах антоновских яблок""запах меда и осенней свежести""запах дегтя")、各种声音("голоса и скрип телег""обоз")、人("мужики")、各种物品("яблоки""воз""небо")。所有这些要素构成了作者记忆中"ранняя погожая осень"的整体形象。

(2) А мальчишки в белых замашных рубашках и коротеньких порточках, с белыми раскрытыми головами, все подходят. Идут по двое, по трое, мелко перебирая босыми ножками, и косятся на лохматую овчарку, привязанную к яблоне. Покупает, конечно, один, либо и покупки-то всего на копейку или на яйцо, но покупателей много, торговля идет бойко, и чахоточный мещанин в длинном сюртуке и рыжих сапогах—весел.

---

① 本节中例句的中文翻译均选自:布宁短篇小说选 [M]. 陈馥, 译. 北京:外语教学与研究出版社,2006.

俄语语言世界图景中的观念场 "ПАМЯТЬ"

每次自然只有一个孩子买苹果,因为只花得起一个戈比,或者拿一个鸡蛋来换,不过买的人很多,生意兴隆。那穿一件常礼服和一双长筒黄皮靴的有肺痨病的果贩兴高采烈。

在译文中出现的副词"每次"强调了行为"покупает"是重复发生的动作。"每次"在某种程度上象征着该行为既发生在现在,也发生在过去。实质上,在该语境中记忆的内容是小男孩们一个接着一个地在市民那购买苹果的整体情境(ситуация)。

(3) «Ядреная антоновка — к веселому году». Деревенские дела хороши, если антоновка уродилась: значит, и хлеб уродился... *Вспоминается* мне урожайный год.

"安通苹果大,今年年成好。"如果安通苹果长得好,乡下的日子就好过,粮食准丰收……我记得一个丰收年。

同样地,这种情况下记忆的内容不是"урожайный год"(丰收年)本身,而是丰收年时整个乡村生活的愉悦景象。

(4) **Помню** я и старуху его. Все, бывало, сидит на скамеечке, на крыльце, согнувшись, тряся головой, задыхаясь и держась за скамейку руками, — все о чем-то думает. «О добре своем небось», — говорили бабы, потому что «добра» у нее в сундуках было, правда, много. А она будто и не слышит; подслеповато смотрит куда-то вдаль из-под грустно приподнятых бровей, трясет головой и точно силится вспомнить что-то.

他的老伴儿我也记得,经常在台阶上的一张小板凳上坐着,弓着脊背,晃着脑袋,两手抓住板凳呼呼喘气,总在想什么。村妇们说她想的"准是她的财宝",因为她的那些大木箱里真的有好多"财宝"。她似乎听不见别人说话,哀愁地扬起眉毛茫然望着远方,晃着脑袋,像是在费力地回想什么。

通过上下文可以确定,文中关于"старуха его"的记忆内容并不是指老太婆存在事实的本身,而是对其各个方面整体形象的记忆,如作者记得她的习惯性姿态("сидит на скамеечке, на крыльце, согнувшись, тряся головой")、面部表情("из-под грустно приподнятых бровей")、身高("большая была")、服饰("панева" "чуньки" "рубаха")与外貌("шея")。

第二组是一些表征人记忆的词汇与词组,它们起到切分时间的作用

第四章
俄罗斯文学作品中观念场"ПАМЯТЬ"与作者语言个性

（切分过去与现在）。除了 помнить, вспомнить 等动词，时间副词 назад, прежде, недавно, когда-то 等引出的事实也存在于说话者的过去与记忆中。

（1）*Крепостного права я не знал и не видел , но , **помню** , у тетки Анны Герасимовны чувствовал его.*

我不知农奴制为何物，没有亲眼见过，但是，我记得，在安娜姑妈家我感觉到了它的存在。

（2）***Помню**, у нас в доме любили в эту пору «сумерничать», не зажигать огня и вести в полутемноте беседы.*

记得我家里的人在这个季节喜欢"守黄昏"，不点灯坐在昏暗中闲谈。

在这种情况下，动词 помнить 指出存在于人意识中的常态记忆。汉语中动词后位的"得"通常意味着一个恒常的状态，如"懂得"（понимать）、"晓得"（знать）。

（3）*— А вас Ильей зовут？ — спросила барыня , вдруг **вспомнив** , что она до сих пор не знает имени Сверчка.*

"您的名字是伊利亚？"太太问。她忽然想起她至今还不知道蛐蛐儿叫什么名字。

（4）*Я это про сына **вспомнил**.*

我这是想起我儿子来了。

（5）*И вдруг Ивлев **вспомнил** места ，**вспомнил** ，что не раз ездил тут в молодости верхом...*

伊夫列夫忽然忆起这个地方，忆起自己年少时不止一次骑马来过这里……

俄语动词 вспомнить 的前缀 вс-与前缀 за-表示开始某行为。也就是说，某信息在作者意识中曾经存在但被隐藏，后又因某种原因该信息在意识中重新开始浮现。汉语中动词后位的"起"也表示该意义。如"忆起"（запомнить）、"谈起/说起"（заговорить）。

（6）***Прежде** такие усадьбы ，как усадьба Анны Герасимовны ，были не редкость.*

我姑妈安娜·格拉西莫夫娜的庄园就是如此。

（7）*Пятнадцать , шестнадцать лет тому **назад** я приезжал сюда каждый день и готов был ночевать у твоего порога. Я тогда был еще*

俄语语言世界图景中的观念场 "ПАМЯТЬ"

мальчишка, восторженный и нежный дуралей...

十五六年前我天天到这儿来,情愿睡在你门口。我那时候还是个孩子,是个头脑容易发热的多情的小傻瓜……

第三组是与回忆相关的人内部情感世界。任何人的思维活动均伴随着某一情感,人在回忆过去时,记忆内容与情感发生作用。

(1) *И с грустью вспомнишь бабушку, ее полонезы на клавикордах, ее томное чтение стихов из «Евгения Онегина». И старинная мечтательная жизнь встанет перед тобою...*

于是怀着惆怅的心情忆起祖母,忆起她在古钢琴上弹的波兰舞曲,以及她怎样有气无力地诵读《叶甫盖尼•奥涅金》中的诗句。从前那种梦幻般的生活似乎就在眼前……

(2) *Сверчок слегка вскрикнул на последних словах, взглянул на кухарку, которая уже плакала, и, вдруг заморгав, исказив и брови, и губы, и задрожавшую челюсть, стал торопливо искать кисет. Василий сердито сунул ему свой, и он, **вертя прыгающими руками цигарку и роняя в табак слезы**,...*

最后这句话蛐蛐儿是轻轻喊出来的,他看看已经在哭泣的厨娘,忽然使劲眨起眼来,扭曲了眉毛、嘴唇、颤抖的下颚,连忙找他的烟荷包。瓦西里生气地把自己的烟荷包塞给了他。他用颤抖的双手卷烟的时候,泪珠直往烟丝里滴。

(3) — *Я для тебя всем пожертвовала, — тихо сказала она, и губы ее опять задрожали.*

*В голосе ее было столько нежности, детского **горя**!*

"我为你牺牲了一切。"她低声说,两片嘴唇又颤抖起来。
她的声音里包含着那么多的柔情和孩子气的悲伤。

(4) *Думалось так, сударыня, — сказал Сверчок вдруг **упавшим голосом и заплакал, вытирая рукавом глаза**, выбирая на рукаве местечко менее грязное, ближе к плечу, — думалось так... принесу на село... может, оттает, ототру...*

第四章
俄罗斯文学作品中观念场"ПАМЯТЬ"与作者语言个性

"我心想,夫人,"蛐蛐儿说到这里声音忽然低下去,并且哭了起来,同时用袖子——挑选靠近肩头的稍微干净一点的地方——擦眼泪,"我心想……等我把他背进村……他身上的冰兴许能化了,我再把他搓热……"

（5） *А была молодость*, **радость**, *чистота*, *темный румянец*, *батистовая косоворотка*… *Если уж кто пожертвовал всем*, *всей своей жизнью*, *ток это я*, *старый пьяница*!

而我曾经那么年轻,快乐,纯洁,双颊黑里透红,穿着细麻纱斜领衬衫……如果说有人牺牲了一切,牺牲了自己的一生,那么这个人就是我,一个老酒鬼!

最后一例,初看我们会以为说话人对青春时期的记忆片段充满了快乐与幸福,但是通过上下文语境可得知并非如此,对青春期及昔日爱情的回忆实际上给说话人带来的只有苦涩与失望。

伴随着记忆的情感,或是被直接称名(с грустью),或是通过描写记忆主体的身体反应来间接表达(如例2)。由此可以确定,作者认为,记忆在实质上是某事实在人意识中的反射,并且记忆进入"语言—意识—现实"的关系之中。在作者看来,记忆具有多样性,并总是能引起人内心深处的情感反应。记忆是如此神秘,在它的影响下人们哭泣、微笑、生气、失望等。通过分析上下文语境,我们可以获知究竟是哪一种情感伴随着记忆同生共存。

第四组是表征忘记的词与词组。广义来说,记忆不仅指保存在意识中的有关过去的显性信息,也包含某些隐性信息。忘记实质上也是一种信息保存的方式。

（1）*А она будто и не слышит*; *подслеповато смотрит куда-то вдаль из-под грустно приподнятых бровей*, *трясет головой и точно* **силится вспомнить** *что-то*.

她似乎听不见别人说话,哀愁地扬起眉毛茫然望着远方,摇着脑袋,像是在费力地回想什么。

该例句中行为 вспомнить 没有获得任何结果,"силится вспомнить"暗指某些信息位于记忆深处,暂时没有浮现。

（2）— *А вас Ильей зовут*? — *спросила Барыня*, **вдруг вспомнив**, *что она до сих пор не знает имени Сверчка*.

"您的名字是伊利亚?"太太问。她忽然想起她至今还不知道蛐蛐儿叫

121

俄语语言世界图景中的观念场
"ПАМЯТЬ"

什么名字。

(3) *И вдруг* Ивлев **вспомнил** места, вспомнил, что не раз ездил тут в молодости верхом...

伊夫列夫忽然忆起这个地方,忆起自己年少时不止一次骑马来过这里……

在第二个例句中,"вдруг вспомнив"暗含了太太忘记了"不知道蛐蛐儿叫什么名字"的事实。在第三个例句中,"вдруг вспомнил"暗指了伊夫列夫忘记了这个"地方",也忘记了"骑马来过这里"的过去事实。简而言之,记起、忆起等行为本身就预设了某过去信息一直存在于记忆中,并以忘记的形式存在。

(4) *Как всегда*, господа пришли только на минутку, — уж очень тяжелый и теплый был у шорников воздух, — но потом, как всегда, **забылись**, потеряли обоняние...

跟平日一样,老爷太太到这儿来只打算待一会儿,因为两个马具匠把屋里的空气弄得太浊太热了。然而也跟平时一样,他们进来了以后就忘了这回事。

忘记不等于没有或不存在,就如在该例句中,"у шорников воздух"都表现为"тяжелым и теплым",无论是老爷和太太来马具匠这里的时候,还是在没有来的平日里。

(5) Ехал и не просто радовался и самому себе и всему миру, а истинно тонул в радости существования, как-то мгновенно, еще на Арбатской площади, **позабыв** и «Северный полюс», и князя, и Ивана Иваныча, и был бы, вероятно, очень удивлен, если бы мне сказали тогда, что навсегда сохранятся и они в том сладком и горьком сне прошлого...

我坐在车上不单是为自己和整个世界高兴,而是一心一意沉浸在生存的欢乐之中,以至于还在阿尔巴特广场上的时候,一瞬间我竟忘记了北极饭店,忘记了公爵,忘记了伊万·伊万内奇,哪里想得到他们会永远留在我对往昔的既甜蜜又苦涩的梦中……

词语 мгновенно 也证明了行为 позабыв 的突然性,暗示了说话人某一刻会回想起忘记的对象。前缀 по- 指出忘记的本质是暂时失去了记忆的通路,相应状态只持续一段有限的时间。

第四章
俄罗斯文学作品中观念场"ПАМЯТЬ"与作者语言个性

通过以上四组分析,可以看出观念场"ПАМЯТЬ"在作者世界图景中包含下列语义成素:①记忆的对象可以是某一整体形象(целый образ);②记忆起到切分过去与现在的作用(与我们上文指出的场成员 прошлое 的内涵一致)。除动词以外的某些时间副词也可以暗示记忆内容的存在;③记忆内容与情感(эмоция)发生作用;④忘记(забвение)实质上是一种记忆形式。

由此总结出布宁语篇中体现出的观念场成员为:целый образ、прошлое、某些时间副词(назад, прежде, недавно, когда-то 等)、эмоция 与 забвение。鉴于这些成员的内涵并不在 память 的词典释义中,我们有理由认为,它们作为作者语言个性的表现位于观念场"ПАМЯТЬ"之中。

综上所述,排除我们在上文已经指出的成员,作者个性所体现出的成员 целый образ 与某些时间副词(назад, прежде, недавно, когда-то 等)位于观念场"ПАМЯТЬ"的远外围区域。

第五章
俄罗斯语言意识中观念场
"ПАМЯТЬ"的独特性

一、记忆的内容

(一)记忆的善恶内容特点

我们发现在俄语中"记仇"(помнить зло)绝大多数可以用一个单独的词位来表达,如 злопамятный,попомнить,припомнить 等,少数情况可用固定搭配来表达,如 поминать лихом кого-что。[①] 而俄语中用来表示"记得好的事或某人的好"等语义时,则无法用单独的一个词位来表达。

以下固定表达及谚俗语表征与记忆的善恶内容有关:

(1) Памятуй добро, а зло забывай(记住善事,忘记恶事);[②]

(2) Дело делай, а правды не забывай(事是要做,但不要忘记正义);[③]

(3) Доброму добрая память(美好的记忆);[④]

[①] 张建华,等. 现代俄汉双解词典[Z]. 北京:外语教学与研究出版社,1992: 293,743,791.

[②] Даль В. И. Толковый словарь живого великорусского языка:В 4 т. Т. 3 [M]. М. :РИПОЛ классик, 2006:14.

[③] Русские пословицы и поговорки. Под ред. В. П. Аникина [Z]. М.: Художественная литература, 1988:75.

[④] Русские пословицы и поговорки. Под ред. В. П. Аникина [Z]. М.: Художественная литература, 1988:81.

第四章
俄罗斯文学作品中观念场"ПАМЯТЬ"与作者语言个性

ременно в ночь, когда так славно лежать на возу, смотреть в звездное небо, чувствовать запах дегтя в свежем воздухе и слушать, как осторожно поскрипывает в темноте длинный обоз по большой дороге.

……我记得那晴朗的初秋。八月中旬,在圣拉弗连季节前下了几场小雨,是及时雨,好像有意为秋播下的。俗话说:"拉弗连季水不大,秋冬日子乐开花。"接着是小阳春,田野里结了许多蛛网。这也是好兆头:"小阳春,蛛丝挂,秋天果子大。"……我记得那清凉宁静的黎明……我记得逐渐干爽疏朗起来的满目金黄的大果园,我记得枫树间的一条条小径,落叶的幽香,还有安通苹果香,蜂蜜香,以及秋的爽气。空气那么洁净,似乎根本不存在,园子里到处都是人声车声。租种园子的果贩们雇了些农民来摘苹果,要连夜运进城去——一定得夜里运,躺在大车上仰望繁星点缀着的天空,闻着爽人的空气中一些煤焦油味儿,听着一长串运货马车在黑暗中沿着大路小心翼翼地扎扎作响,那有多美啊!①

该场景中记忆的内容不仅是"ранняя погожая осень"(初秋)本身,而且是初秋所蕴含的整体形象,其中包括如下组成部分:时间("утро")、地点("сад"与"аллеи")、各种气味("аромат опавшей листвы""запах антоновских яблок""запах меда и осенней свежести""запах дегтя")、各种声音("голоса и скрип телег""обоз")、人("мужики")、各种物品("яблоки""воз""небо")。所有这些要素构成了作者记忆中"ранняя погожая осень"的整体形象。

(2) А мальчишки в белых замашных рубашках и коротеньких порточках, с белыми раскрытыми головами, все подходят. Идут по двое, по трое, мелко перебирая босыми ножками, и косятся на лохматую овчарку, привязанную к яблоне. Покупает, конечно, один, либо и покупки-то всего на копейку или на яйцо, но покупателей много, торговля идет бойко, и чахоточный мещанин в длинном сюртуке и рыжих сапогах— весел.

---

① 本节中例句的中文翻译均选自:布宁短篇小说选[M].陈馥,译.北京:外语教学与研究出版社,2006.

| 俄语语言世界图景中的观念场
| "ПАМЯТЬ"

  每次自然只有一个孩子买苹果,因为只花得起一个戈比,或者拿一个鸡蛋来换,不过买的人很多,生意兴隆。那穿一件常礼服和一双长筒黄皮靴的有肺痨病的果贩兴高采烈。

  在译文中出现的副词"每次"强调了行为"покупает"是重复发生的动作。"每次"在某种程度上象征着该行为既发生在现在,也发生在过去。实质上,在该语境中记忆的内容是小男孩们一个接着一个地在市民那购买苹果的整体情境(ситуация)。

  (3)«Ядреная антоновка — к веселому году». Деревенские дела хороши, если антоновка уродилась: значит, и хлеб уродился... **Вспоминается** мне урожайный год.

  "安通苹果大,今年年成好。"如果安通苹果长得好,乡下的日子就好过,粮食准丰收……我记得一个丰收年。

  同样地,这种情况下记忆的内容不是"урожайный год"(丰收年)本身,而是丰收年时整个乡村生活的愉悦景象。

  (4) **Помню** я и старуху его. Все, бывало, сидит на скамеечке, на крыльце, согнувшись, тряся головой, задыхаясь и держась за скамейку руками, — все о чем-то думает. «О добре своем небось», — говорили бабы, потому что «добра» у нее в сундуках было, правда, много. А она будто и не слышит; подслеповато смотрит куда-то вдаль из-под грустно приподнятых бровей, трясет головой и точно силится вспомнить что-то.

  他的老伴儿我也记得,经常在台阶上的一张小板凳上坐着,弓着脊背,晃着脑袋,两手抓住板凳呼呼喘气,总在想什么。村妇们说她想的"准是她的财宝",因为她的那些大木箱里真的有好多"财宝"。她似乎听不见别人说话,哀愁地扬起眉毛茫然望着远方,晃着脑袋,像是在费力地回想什么。

  通过上下文可以确定,文中关于"старуха его"的记忆内容并不是指老太婆存在事实的本身,而是对其各个方面整体形象的记忆,如作者记得她的习惯性姿态("сидит на скамеечке, на крыльце, согнувшись, тряся головой")、面部表情("из-под грустно приподнятых бровей")、身高("большая была")、服饰("панева""чуньки""рубаха")与外貌("шея")。

  第二组是一些表征人记忆的词汇与词组,它们起到切分时间的作用

(切分过去与现在)。除了 помнить, вспомнить 等动词,时间副词 назад, прежде, недавно, когда-то 等引出的事实也存在于说话者的过去与记忆中。

(1) *Крепостного права я не знал и не видел, но, **помню**, у тетки Анны Герасимовны чувствовал его.*

我不知农奴制为何物,没有亲眼见过,但是,我记得,在安娜姑妈家我感觉到了它的存在。

(2) ***Помню**, у нас в доме любили в эту пору «сумерничать», не зажигать огня и вести в полутемноте беседы.*

记得我家里的人在这个季节喜欢"守黄昏",不点灯坐在昏暗中闲谈。

在这种情况下,动词 помнить 指出存在于人意识中的常态记忆。汉语中动词后位的"得"通常意味着一个恒常的状态,如"懂得"(понимать)、"晓得"(знать)。

(3) *— А вас Ильей зовут? — спросила барыня, вдруг **вспомнив**, что она до сих пор не знает имени Сверчка.*

"您的名字是伊利亚?"太太问。她忽然想起她至今还不知道蛐蛐儿叫什么名字。

(4) *Я это про сына **вспомнил**.*

我这是想起我儿子来了。

(5) *И вдруг Ивлев **вспомнил** места, **вспомнил**, что не раз ездил тут в молодости верхом…*

伊夫列夫忽然忆起这个地方,忆起自己年少时不止一次骑马来过这里……

俄语动词 вспомнить 的前缀 вс-与前缀 за-表示开始某行为。也就是说,某信息在作者意识中曾经存在但被隐藏,后又因某种原因该信息在意识中重新开始浮现。汉语中动词后位的"起"也表示该意义。如"忆起"(запомнить)、"谈起/说起"(заговорить)。

(6) ***Прежде** такие усадьбы, как усадьба Анны Герасимовны, были не редкость.*

我姑妈安娜·格拉西莫夫娜的庄园就是如此。

(7) *Пятнадцать, шестнадцать лет тому **назад** я приезжал сюда каждый день и готов был ночевать у твоего порога. Я тогда был еще*

俄语语言世界图景中的观念场
"ПАМЯТЬ"

мальчишка, восторженный и нежный дуралей...

十五六年前我天天到这儿来,情愿睡在你门口。我那时候还是个孩子,是个头脑容易发热的多情的小傻瓜……

第三组是与回忆相关的人内部情感世界。任何人的思维活动均伴随着某一情感,人在回忆过去时,记忆内容与情感发生作用。

(1) ***И с грустью*** вспомнишь бабушку, *ее полонезы на клавикордах*, *ее томное чтение стихов из «Евгения Онегина»*. *И старинная мечтательная жизнь встанет перед тобою*...

于是怀着惆怅的心情忆起祖母,忆起她在古钢琴上弹的波兰舞曲,以及她怎样有气无力地诵读《叶甫盖尼·奥涅金》中的诗句。从前那种梦幻般的生活似乎就在眼前……

(2) Сверчок слегка вскрикнул на последних словах, взглянул на кухарку, которая уже плакала, и, вдруг заморгав, исказив и брови, и губы, и задрожавшую челюсть, стал торопливо искать кисет. Василий сердито сунул ему свой, и он, ***вертя прыгающими руками цигарку и роняя в табак слезы***, ...

最后这句话蛐蛐儿是轻轻喊出来的,他看看已经在哭泣的厨娘,忽然使劲眨起眼来,扭曲了眉毛、嘴唇、颤抖的下颚,连忙找他的烟荷包。瓦西里生气地把自己的烟荷包塞给了他。他用颤抖的双手卷烟的时候,泪珠直往烟丝里滴。

(3) — Я для тебя всем пожертвовала, — тихо сказала она, и губы ее опять задрожали.

В голосе ее было столько нежности, ***детского горя***!

"我为你牺牲了一切。"她低声说,两片嘴唇又颤抖起来。

她的声音里包含着那么多的柔情和孩子气的悲伤。

(4) Думалось так, сударыня, — сказал Сверчок вдруг ***упавшим голосом и заплакал, вытирая рукавом глаза***, выбирая на рукаве местечко менее грязное, ближе к плечу, — думалось так... принесу на село... может, оттает, ототру...

第四章
俄罗斯文学作品中观念场"ПАМЯТЬ"与作者语言个性

"我心想,夫人,"蛐蛐儿说到这里声音忽然低下去,并且哭了起来,同时用袖子——挑选靠近肩头的稍微干净一点的地方——擦眼泪,"我心想……等我把他背进村……他身上的冰兴许能化了,我再把他搓热……"

（5）*А была молодость*, **радость**, *чистота*, *темный румянец*, *батистовая косоворотка… Если уж кто пожертвовал всем, всей своей жизнью, ток это я, старый пьяница!*

而我曾经那么年轻、快乐、纯洁,双颊黑里透红,穿着细麻纱斜领衬衫……如果说有人牺牲了一切,牺牲了自己的一生,那么这个人就是我,一个老酒鬼!

最后一例,初看我们会以为说话人对青春时期的记忆片段充满了快乐与幸福,但是通过上下文语境可得知并非如此,对青春期及昔日爱情的回忆实际上给说话人带来的只有苦涩与失望。

伴随着记忆的情感,或是被直接称名（с грустью）,或是通过描写记忆主体的身体反应来间接表达（如例2）。由此可以确定,作者认为,记忆在实质上是某事实在人意识中的反射,并且记忆进入"语言—意识—现实"的关系之中。在作者看来,记忆具有多样性,并总是能引起人内心深处的情感反应。记忆是如此神秘,在它的影响下人们哭泣、微笑、生气、失望等。通过分析上下文语境,我们可以获知究竟是哪一种情感伴随着记忆同生共存。

第四组是表征忘记的词与词组。广义来说,记忆不仅指保存在意识中的有关过去的显性信息,也包含某些隐性信息。忘记实质上也是一种信息保存的方式。

（1）*А она будто и не слышит; подслеповато смотрит куда-то вдаль из-под грустно приподнятых бровей, трясет головой и точно* **силится вспомнить** *что-то.*

她似乎听不见别人说话,哀愁地扬起眉毛茫然望着远方,摇着脑袋,像是在费力地回想什么。

该例句中行为 вспомнить 没有获得任何结果,"силится вспомнить"暗指某些信息位于记忆深处,暂时没有浮现。

（2）*— А вас Ильей зовут? — спросила Барыня*, **вдруг вспомнив**, *что она до сих пор не знает имени Сверчка.*

"您的名字是伊利亚?"太太问。她忽然想起她至今还不知道蛐蛐儿叫

· 121 ·

> 俄语语言世界图景中的观念场
> "ПАМЯТЬ"

什么名字。

（3）*И **вдруг** Ивлев **вспомнил** места , вспомнил , что не раз ездил тут в молодости верхом...*

伊夫列夫忽然忆起这个地方，忆起自己年少时不止一次骑马来过这里……

在第二个例句中，"вдруг вспомнив"暗含了太太忘记了"不知道蛐蛐儿叫什么名字"的事实。在第三个例句中，"вдруг вспомнил"暗指了伊夫列夫忘记了这个"地方"，也忘记了"骑马来过这里"的过去事实。简而言之，记起、忆起等行为本身就预设了某过去信息一直存在于记忆中，并以忘记的形式存在。

（4）*Как всегда , господа пришли только на минутку , — уж очень тяжелый и теплый был у шорников воздух , — но потом , как всегда , **забылись** , потеряли обоняние...*

跟平日一样，老爷太太到这儿来只打算待一会儿，因为两个马具匠把屋里的空气弄得太浊太热了。然而也跟平时一样，他们进来了以后就忘了这回事。

忘记不等于没有或不存在，就如在该例句中，"у шорников воздух"都表现为"тяжелым и теплым"，无论是老爷和太太来马具匠这里的时候，还是在没有来的平日里。

（5）*Ехал и не просто радовался и самому себе и всему миру , а истинно тонул в радости существования , как-то мгновенно , еще на Арбатской площади , **позабыв** и «Северный полюс» , и князя , и Ивана Иваныча , и был бы , вероятно , очень удивлен , если бы мне сказали тогда , что навсегда сохранятся и они в том сладком и горьком сне прошлого...*

我坐在车上不单是为自己和整个世界高兴，而是一心一意沉浸在生存的欢乐之中，以至于还在阿尔巴特广场上的时候，一瞬间我竟忘记了北极饭店，忘记了公爵，忘记了伊万·伊万内奇，哪里想得到他们会永远留在我对往昔的既甜蜜又苦涩的梦中……

词语 мгновенно 也证明了行为 позабыв 的突然性，暗示了说话人某一刻会回想起忘记的对象。前缀 по-指出忘记的本质是暂时失去了记忆的通路，相应状态只持续一段有限的时间。

122

第四章
俄罗斯文学作品中观念场"ПАМЯТЬ"与作者语言个性

通过以上四组分析，可以看出观念场"ПАМЯТЬ"在作者世界图景中包含下列语义成素：①记忆的对象可以是某一整体形象（целый образ）；②记忆起到切分过去与现在的作用（与我们上文指出的场成员 прошлое 的内涵一致）。除动词以外的某些时间副词也可以暗示记忆内容的存在；③记忆内容与情感（эмоция）发生作用；④忘记（забвение）实质上是一种记忆形式。

由此总结出布宁语篇中体现出的观念场成员为：целый образ、прошлое、某些时间副词（назад, прежде, недавно, когда-то 等）、эмоция 与 забвение。鉴于这些成员的内涵并不在 память 的词典释义中，我们有理由认为，它们作为作者语言个性的表现位于观念场"ПАМЯТЬ"之中。

综上所述，排除我们在上文已经指出的成员，作者个性所体现出的成员 целый образ 与某些时间副词（назад, прежде, недавно, когда-то 等）位于观念场"ПАМЯТЬ"的远外围区域。

第五章
俄罗斯语言意识中观念场"ПАМЯТЬ"的独特性

一、记忆的内容

(一) 记忆的善恶内容特点

我们发现在俄语中"记仇"(помнить зло)绝大多数可以用一个单独的词位来表达,如 злопамятный, попомнить, припомнить 等,少数情况可用固定搭配来表达,如 поминать лихом кого-что。[①] 而俄语中用来表示"记得好的事或某人的好"等语义时,则无法用单独的一个词位来表达。

以下固定表达及谚俗语表征与记忆的善恶内容有关:

(1) Памятуй добро, а зло забывай(记住善事,忘记恶事);[②]

(2) Дело делай, а правды не забывай(事是要做,但不要忘记正义);[③]

(3) Доброму добрая память(美好的记忆);[④]

[①] 张建华,等. 现代俄汉双解词典[Z]. 北京:外语教学与研究出版社,1992:293,743,791.

[②] Даль В. И. Толковый словарь живого великорусского языка:В 4 т. Т. 3 [M]. М.:РИПОЛ классик, 2006:14.

[③] Русские пословицы и поговорки. Под ред. В. П. Аникина [Z]. М.:Художественная литература, 1988:75.

[④] Русские пословицы и поговорки. Под ред. В. П. Аникина [Z]. М.:Художественная литература, 1988:81.

(4) Добро помни, а зло забывай(记住好事,忘记恶事吧);①

(5) вспомнить кого-что добром/добрым словом(记住好的方面);

(6) забывать зло/вражду(忘记恶、忘记仇恨);

(7) поминать/вспоминать/помнить добрым словом/добром кого-что (记着/想起某人的好处);

(8) поминать добрым словом(称赞地谈及);

(9) за добро платим сторицей(滴水之恩,我们当涌泉相报);

(10) зла не помнить на ком(不生某人的气、原谅某人);

(11) Когда пьешь воду, помни о том, кто выкопал колодец(饮水不忘掘井人);

(12) помнить чье-л. добро(记着某人的恩惠);

(13) Дружбу помни, а зло забывай(记住友情吧,把恶事都忘记);②

(14) Смерть злым, а добрым вечная память(恶事终消亡,善事则永存);③

(15) не помни лихом(不要记仇),又如例句:

И ты меня прости. И не **поминай лихом**... *Похорони меня и выходи замуж*...（А. Вампилов）

你原谅我吧。不要记恨我……把我埋葬了就找个人嫁了吧……

汉语《俗语大词典》中:

(1)吃米不会忘记种谷的人;

(2)吃水不忘打井人;

(3)儿不忘娘,物不忘本;

---

①Русские пословицы и поговорки. Под ред. В. П. Аникина [Z]. М.: Художественная литература, 1988:81.

②Русские пословицы и поговорки. Под ред. В. П. Аникина [Z]. М.: Художественная литература, 1988:86.

③Русские пословицы и поговорки. Под ред. В. П. Аникина [Z]. М.: Художественная литература, 1988:288

(4) 忘人大恩,记人小过。①

从上述表征中可以得出结论,在俄罗斯民族记忆中主要成素为 добро, правда, дружба 等珍贵的道德价值。对比而言,关于记忆的中国谚俗语绝大多数是强调了必须牢记他人给予的帮助或他人的恩情等。

(二)记忆的情感内容特点

Брагина 指出,对于俄罗斯民族而言,"与记忆相关的情感中'любовь'(爱)占据绝对优先地位"②,对记忆的联想首要为"爱"。Брагина 的这一观点得到了多数俄罗斯学者的认同。如 А. А. Зализняк 曾举例:"'Я тебя никогда не забуду'(我永远不会忘记你)意味着'我不会停止爱你'",并指出,"'незабвенный'(永志不忘的)是用来形容不会忘记我们已经逝去的所爱之人"③,而并非用来说明我们不会忘记对某人的怨恨,如:

*Тяжела ты, **любовная память**! Мне в дыму твоем петь и гореть.*
(А. Ахматова)

爱恋的记忆,你是多么沉重啊!我在你的迷雾中歌唱、燃烧。

针对关于"记忆"的联想,也有其他学者持不同的看法。《斯拉夫语联想词典》中指出,俄语中对 память 的联想依次为:"памятник 24; вспоминать 22; терять 6; вечность 5; встреча, город, девочка, смерть 1。"④从情感上说,其中 терять 与 смерть 均为消极词汇。

而 Г. А. Черкасова 与 Н. В. Уфимцева 所著的《Русский региональный ассоциативный словарь-тезаурус Еврас. Т. 1. От стимула к реакции》中指出记忆存在以下联想:

---

① 温端政. 俗语大词典 [Z]. 北京:商务印书馆,2015:173,176,327,1755.

② Брагина Н. Г. Память в языке и культуре [M]. М.: Языки славянских культур, 2007:176-183.

③ Зализняк А. А. Концептуализация памяти и забвения в русском языке [C] // Соловьев В. Д. Когнитивные исследования. М.: Институт психологии РАН, 2008:487.

④ Славянский ассоциативный словарь: русский, белорусский, болгарский, украинский. Под ред. Уфимцевой Н. В. [Z]. М.: Институт Языкознания РАН, 2004:326.

第五章 俄罗斯语言意识中的观念场"ПАМЯТЬ"的独特性

ПОМНИТЬ：хорошее（好的事物），скорбеть（悲痛），добро（善），о смерти（死亡），любить（爱），любовь（爱情），плохо（坏），погибших（死者），родных（亲人），благодарность（感激），блокнот（活页本），боль（痛苦），вредить（危害），жертв（牺牲者），лучшее（最好的事物），о хорошем（好的事物），печаль（忧愁），плохое（坏事），радость（高兴），скорбь（悲痛），смерть（死亡），страшное（可怕的事物）；①

ВСПОМИНАТЬ：хорошее（好的事物），приятное（令人愉快的事物），любовь（爱情），грусть（忧伤），лучшее（最好的事物），любимого（被喜爱的人），любить（爱），о хорошем（好的事物），улыбаться（微笑），хорошие моменты（好的），добро（善），добрые времена（幸福的岁月），восхищение（赞赏），мучение（痛苦），о любимой，о приятном，об утраченном（失去的东西），отчаянно（绝望），ошибки（错误），плакать（哭泣），приятно（惬意地），радость，рай（天堂），счастливое（幸福的事），счастье（幸福），тяжело（感到沉重），ужас（可怕），*что-то* милое（某些称心的事）。②

从该联想词典中可以看出，记忆的联想情感中既存在正面情感，又存在负面情感，有高兴有悲伤，有爱也有痛。

我们认为俄语中"与记忆相关的情感中'любовь'占据绝对优先地位"的观点也有待商榷，如以下例子可作为对其的反驳：

Кому люб он был，те его **забыли***，а кому зло сделал，те* **помнят***.*（А. П. Чехов）

他不令谁喜欢，谁就把他忘了，他害了谁，谁都记得。

俗语"Око за око，зуб за зуб"（以眼还眼，以牙还牙）也是"помнить зло"的表现。而在我们汉语承载者看来，上文中提及的例句"我永远不会忘记

---

① Черкасова Г. А.，Уфимцева Н. В. Русский региональный ассоциативный словарь-тезаурус Еврас. От стимула к реакции：Т. 1［Z］. М. ：Моск. междунар. академия，2014：174.

② Черкасова Г. А.，Уфимцева Н. В. Русский региональный ассоциативный словарь-тезаурус Еврас. От стимула к реакции：Т. 1［Z］. М. ：Моск. междунар. академия，2014：35.

你"是出于哪种情感,取决于上下文、情景、语调等多重因素。在语境的影响下,完全可能是出于恨意。不同语言承载者对记忆的不同情感联想倾向,反映了各民族历史记忆、价值观等多方面的差异。

二、记忆的格式塔

杨明天教授认为,格式塔指"抽象名词的述谓——限定搭配隐含,是存在于意识中的抽象实质到具体现象的投射,也是一种'整体形象'"[1]。俄罗斯莫斯科大学的 Чернейко 教授认为,格式塔是"一种隐喻,它凭借经验被人认识。格式塔是语言为概念(понятие)戴上的面具。该面具是可以改变的,但它预先确定了词的搭配"[2]。Чернейко 借助格式塔来分析观念,并建议将弄清格式塔作为观念分析的目的。

谈及观念与格式塔的关系时,杨明天教授指出,"在意识中,观念是通过格式塔形成的,是相关词的意义的总体,包含它的联想和隐含"[3]。L & J(1980:5)认为,隐喻的本质是"通过他类事物来理解某一类事物"[4]。阿鲁秋诺娃把述谓隐喻,如(всплыхнула злоба"愤恨突然燃起"),称为"认知隐喻"。这种隐喻从创造形象的手段转变为用来形成语言所缺乏的意义手段。莱克夫(Дж. Лакофф)把这种隐喻看作本体隐喻,它们是解释事件、行为、情感和思想的方式之一。[5]

我们认为,格式塔是借助分析词汇搭配所暗含的隐喻来获得某一观念认知特点的手段。下面通过语料来简要介绍一下俄语中观念记忆的几个典型格式塔。

---

[1] 杨明天. 观念的对比分析——以俄汉具有文化意义的部分抽象名词为例[M]. 上海:上海译文出版社,2009:56.

[2] Чернейко Л. О. Лингво-философский анализ абстрактного имени [M]. М.:МГУ им. Ломоносова,1997:301.

[3] 杨明天. 观念的对比分析——以俄汉具有文化意义的部分抽象名词为例[M]. 上海:上海译文出版社,2009:54.

[4] 王寅. 认知语言学[M]. 上海:上海外语教育出版社,2006:403.

[5] 杨明天. 观念的对比分析——以俄汉具有文化意义的部分抽象名词为例[M]. 上海:上海译文出版社,2009:69.

第五章
俄罗斯语言意识中的观念场"ПАМЯТЬ"的独特性

（一）人

记忆在俄语中常常被拟人化，这一点我们在上文中也有所提及。格式塔为"人"通常通过一些表人行为的动词来实现：память/воспоминания говорит/говорят（说），подсказывает（提醒），нашептывает（耳语），возвращает（归还），дает силы（赋予力量），не отпускает（不准许），мучит（折磨），оживилась（复活），обманывает（欺骗），отказала（拒绝），полетела на кого-л.（飞向某人）等。如下例：

(1) **Память** о героях вечно **живет** в народе.

英雄们永远活在人民心中。①

(2) Пашкина **память просыпается** лениво. Пашка морщит лоб, рот его тогда открывается сам собой.（Л. М. Леонов）

帕什金的记忆慢慢苏醒过来。帕什卡皱了皱额头，嘴也不自觉地张开来。

(3) **Воспоминанье** слишком **давит плечи**, Я о земном заплачу и в раю.（М. Цветаева）

回忆太沉重，我甚至在天堂里为凡间哭泣。

(4) Тут **память** от него **улетела**, и он, как страшный жилец тесного гроба, остался нем и недвижим посреди дороги.（Н. В. Гоголь）

于是他什么都不记得了，就像棺材里的死尸一样，直挺挺地躺在路中央。

(5) Там гибнет все, что мешает делу. Там **гибнут** надежды, иллюзии, **воспоминания**.（С. Довлатов）

那里妨碍战役的一切都会灭亡。那里希望、幻想、回忆也在渐渐消失。

(6) Эти-то дорогие **воспоминания** и **жили** в нем, и, когда бывало вовсе тяжко, он вспоминал далекую свою деревеньку, березовый лес на берегу реки, саму реку…（В. Шукшин）

这些珍贵的回忆还在他的心中，常常十分沉重，他回想起自己那遥远的小村庄、河岸上的桦树林、河流……

(7) Вспоминали и московскую масленицу, и блины, и тройки, и

---

① 张建华，等. 现代俄汉双解词典[Z]. 北京：外语教学与研究出版社，1992：81，582.

俄语语言世界图景中的观念场 "ПАМЯТЬ"

горячую, молодую хмельную любовь, от которой остались далекие, как легкий туман, *нежные воспоминания*. (П. С. Романов)

人们回想起莫斯科的谢肉节、薄煎饼、三套马车，和那稚嫩又热烈的醉人爱情，而这爱情只留下了遥远如薄雾般的温柔回忆。

(二) 火

记忆的格式塔可以是"火"，如"неугасающая память"（不灭的记忆）、"память угасла"（记忆消逝）等表达。又如：

(1) *Я лечу над землей, звезды горят, и память горит*！（А. М. Ремизов）

我躺在地上，星星在燃烧，记忆也在燃烧！

(2) *Потухает сознание, память.*①

意识与记忆熄灭了。

Угасать（熄灭）, гореть 与 потухать 原意均是用来说明主体"火"的动词，而这里却用来说明记忆，说明在语言承载者的意识中过去信息具有了火的某些属性。

另外值得一提的是，为缅怀反法西斯战争中牺牲的烈士而设置的莫斯科亚历山大公园的长明火（вечный огонь）以及许多城市公园中的长明火，它们作为一种象征，都是对民族历史、战争血泪的记忆。长明火成了不灭历史记忆的象征（символ памяти）。

(三) 画面

记忆的格式塔中还有将记忆隐喻为某一画面的情况，此时意识中的各种过去信息也具有了清晰度上的差别。

(1) *Вспоминались картины детства.*②

回忆童年时代的情景。

(2) *Действительно, случается, что от фильма остаются только название и смутные воспоминания о городе, где его снимали.* (Екатерина

---

① Русский семантический словарь. Толковый словарь, систематизированный по классам слов и значений. Под общей ред. Н. Ю. Шведовой: Т. Ⅳ [Z]. М.: Азбуковник, 1998: 130.

② 张建华，等. 现代俄汉双解词典[Z]. 北京: 外语教学与研究出版社，1992: 343.

第五章 俄罗斯语言意识中的观念场"ПАМЯТЬ"的独特性

Иванова)

确实有过这样的情况,电影只留下了名字与关于它拍摄城市的模糊记忆。

(3) Война оставляет у человека **яркие воспоминания**, а человеческий мозг, находясь в возбужденном состоянии, «подкидывает» наиболее яркие картинки памяти в виде сновидений. («Солдат удачи»)

战争给人留下了鲜明的回忆,而人的大脑在处于紧张状态时,就会将最鲜明的画面"偷偷放在"梦境中。

(4) Потому что весь фильм можно пролежать лицом в салате, наутро все равно останутся **светлые воспоминания** и праздничная эйфория. (В. Самодуров)

因为一整部电影的时间都在吃沙拉,反正第二天早上也会留下清晰的回忆以及节日的欢愉。

(四)水

俄语中记忆有时被看作不同形式的"水",如 выплывать в памяти/в сознании, всплыть из глубины памяти, прихлынут воспоминания 等。Всплывать 与 всплыть 原意均指"浮出水面",在上述搭配中表示某信息"在记忆中浮现、想起",прихлынуть 原意指"(水、浪等)潮涌而来",而在上述搭配中转义为"记忆突然涌上心头"或"顿时沉浸在回忆之中"[①]。如下例句：

(1) Но живая человеческая **память течет** из прошлого в настоящее свободно. (В. Голованов)

但生动的人类记忆自由地从过去流淌到现在。

(2) **В памяти всплыл** этот вечер; всплыло худощавое лицо с крупной родинкой на конце носа. (А. А. Бек)

记忆中浮现出这个晚上;想起那鼻尖处带有大块胎记的消瘦脸庞。

(五)食物

俄语中记忆也常常隐喻为"食物",这是基于食物具有一定味道的属性。按照具体情况,分为以下几组：

[①] 张建华,等. 现代俄汉双解词典[Z]. 北京:外语教学与研究出版社,1992:798.

> 俄语语言世界图景中的观念场
> "ПАМЯТЬ"

第一组，记忆本身具有味道，如 вкус воспоминаний（回忆的味道）：

Да, никогда я еще не чувствовала так остро **горький вкус воспоминаний**, как при этой встрече. (Ю. Друнина)

的确，我还从来没有体味过这次相见时如此辛辣又苦涩的回忆滋味。

我们认为，回忆本身具有味道，实质上是因回忆所承载的情感具有味道属性，或是甜美，或是苦涩，即回忆本身的味道完全与回忆的情感内容相呼应。

第二组，记忆的对象或内容为某种味道：

Я помню вкус этого сыра! В нем была одна травка, я не помню ее названия, но, надеюсь, она до сих пор произрастает сразу за городской заставой... (А. Дмитриев)

我记得这个奶酪的味道！它里面有一种小草，虽然我不记得它的名字，但是我希望它至今仍在城门口外生长……

由于事物的特殊性，记得某具体事物的味道，也可能转义为记得某情感的"味道"，如：

*...знаю только я, прекрасно **помню вкус этих слез**.* (И. Полянская)

只有我知道，我清楚地记得这些眼泪的味道。

该例句中不是直接表示记得眼泪的味道，而是记得引起眼泪的相应情感——"记得这些眼泪的苦涩/苦痛"。

另外，值得一提的是，由于人个体经验、世界观、利益取向等因素，记忆的味道可能并不单一，而是一种混合体。如：

(1) *Так в старости вспоминают о первой любви: давно стихла боль, сгладились терзания, рассеялись слезы, и осталась лишь **сладкая память** о красоте, о потрясающем счастье, и вызываешь воспоминания вновь и вновь, они уже не мучат, как некогда, а дарят тихой отрадой, умилением, убежищем от тягостного быта, мирят с действительностью: было, все у меня было и останется навсегда.* (М. Веллер)

年老时回忆起初恋：痛苦早已消逝，折磨被抚平，眼泪消散，留下的只有与美好与极其幸福相关的甜蜜记忆，你也一次又一次地唤起回忆，回忆已经不再折磨你，而是赐给安详的快乐、感动和繁重日常生活的庇护所，它们使你能忍受现实：曾经，我曾拥有的一切也将永远留存。

（2）*Как забытые видения , проходят передо мной эти маленькие сцены из прошлой жизни. Какие неприятные сцены , какие **горькие воспоминания**！Какая **нищенская красота***！（М. М. Зощенко）

正如已忘却的幻影，这些过去生活中的细小场景在我面前掠过。这些情景多么令人不悦，回忆是多么痛苦！美好也是残缺的！

俄语语言世界图景中的观念场
"ПАМЯТЬ"

第六章
"记忆空间"

一、记忆空间存在的可能性

本章主要是在上述研究成果的基础上提出"记忆空间"存在的可能性。

一个民族的文化是该民族历史的沉淀,它源于过去,并在该民族语言文化共同体成员现在的言语行为习惯、思维方式、世界观等方面加以体现。我国学者刘守华与丁恒杰认为文化即为"人化"。

观念记忆"在文化中具有特殊的意义,它在一个社会的语言世界图景中占据重要地位"[1]。记忆面向过去,过去在人的意识中通过回忆得以复现。历史借助记忆得以留传。根据 Ю. М. Лотман 的观点,"每一个文化都决定了其自身'应该记住(保存)什么,应该忘记什么'的模式"[2]。因此,文化实质上就是一种历史记忆,该记忆或在人的意识中,或在其外化形式中,被一代一代地保存并承载下来。文化与记忆二者均具有复现性。

德国古埃及学专家 Ян Ассман 于 2004 年在其专著《Культурная память: Письмо, память о прошлом и политическая идентичность в высоких культурах древности》(《文化记忆:古代高级文化中的文字、历史记忆与政治认同》)中首次提出了"文化记忆"(культурная память)的概念。Ян Ассман 指出存在四种记忆类型:模仿记忆(миметическая память)、物品

---

[1] Карпенко С. М. Концепт «память» в поэтической картине мира Н. С. Гумилева и А. А. Ахматовой: сопоставительный аспект [J]. Вестник ТГПУ, 2014(9): 47.

[2] Лотман Ю. М. Память в культурологическом освещении [C] // Лотман Ю. М. Семиосфера. СПб.: Искусство-СПб, 2000: 675.

第六章　"记忆空间"

记忆(предметная память)、交际记忆(коммуникативная память)与文化记忆(культурная память)。他认为,"模仿记忆"就是行为记忆(память деятельности),我们通过模仿而习得,最好的记忆方式就是观看与再现。"物品记忆"直接与文化日常生活相连,我们周围的物品不仅承载着个体片段,还承载着共同文化的过去片段。人的物品世界具有时间标记,每一个物品都承载着时间的印记。"交际记忆"是固定在语言与交际过程中的记忆,该记忆同样具有社会属性。只有考虑到与其他个体的交际立场才能解释意识与记忆。"文化记忆"可以理解为是文化含义(культурный смысл)传播与现实化的形式。与此同时,文化记忆也是所有"认识"的概括性名称,该认识支配着在社会团体与整个社会中交际与相互作用框架下的人们的感受、行为与整个生活实践,该认识也属于一代又一代传承的复现现象。① 以上 Ян Ассман 所提出的四种记忆中,物品记忆与我们本书所述的"外化的记忆"内涵相一致,交际记忆与我们下面将论述的集体记忆相通,文化记忆则归入到我们将论述的民族记忆之中。

Алейда Ассман 将社会记忆与文化记忆进行了区分。他认为,社会记忆具有如下几个区别性特征:生物学上的承载者在时间上受限(80至100年);交际的间辈性;内容为借助叙述来转达的回忆。文化记忆的区别性特征为:时间上无限制的物质承载者;交际的跨辈性;内容为标志与符号、纪念性建筑物、周年纪念日、仪式、篇章、图画。② 也有学者认为,这些内容即为"места памяти"(记忆的处所)。我们认为,这里 Алейда Ассман 所阐释的文化记忆与我们所认为的处于观念场"ПАМЯТЬ"远外围的"外化的记忆"相一致,即 Ян Ассман 所述的"物品记忆"。

Хальбвакс 曾提出过概念"记忆的界限"(рамки памяти),他指出记忆的界限才是个体记忆最重要的标志,记忆的界限是用来划分阶层记忆、集

---

① Ассман Ян Культурная память: Письмо, память о прошлом и политическая идентичность в высоких культурах древности [M]. M.: Языки славянской культуры, 2004:19-21.

② Ассман А. Длинная тень прошлого: Мемориальная культура и историческая политика пер. с нем. [M]. M.: Новое литературное обозрение, 2014:54.

· 135 ·

体记忆的"重要指标点"。实质上,记忆的界限即为记忆的场所。① 记忆存在于人意识中的本质决定了记忆具有一定范围和界限,记忆具有空间性。结合上文中所分析的记忆与空间(观念场中成员"пространство")的密切关系,有理由认为,记忆的场所正是具有一定广度、深度与界限的空间。根据不同的界限标准,可以划分出不同的记忆空间。

二、记忆空间的划分

我们认为 Ян Ассман 所提出的记忆类型是从以下角度出发:模仿记忆——行为;物品记忆——物品;交际记忆——语言及交际行为;文化记忆——文化含义。也就是说,Ян Ассман 划分记忆界限的标准为记忆的内容。

心理语言学将认知空间划分为"个体认知空间"(индивидуальное когнитивное пространство)、"群体认知空间"(коллективное когнитивное пространство)与"认知基体"(когнитивная база)②。

"民族文化空间"(национальное культурное пространство)是人意识中文化实现的形式,是意识所反映的文化,也可以说,它是文化承载者意识中的文化存在。③ 由此可见,民族文化空间存在于民族文化共同体成员的普遍思维、共同意识之中,即存在于他们的集体无意识之中。民族文化空间是"人意识中文化存在的形式,是意识所反映的文化,也可以说,是文化在其承载者意识中的存在","民族文化空间的'核心'是认知基体"④。

П. Рикер 根据记忆的主体将记忆划分为"я"(个人记忆),"мы"(集体记忆、公众记忆)以及处于二者之间的过渡类型——"близкие люди"(亲近人间的共有记忆)。

区别于上述 Ян Ассман 与 П. Рикер 对记忆的划分,结合认知空间与民

---

① Хальбвакс М. Социальные рамки памяти [M]. М.: Новое издательство, 2007:264.
② 赵爱国. 语言文化学论纲 [M]. 哈尔滨:黑龙江人民出版社, 2006:144.
③ Русское культурное пространство: Лингвокультурологический словарь. Под ред. И. С. Брилевой [Z]. М.: Гнозис, 2004:10—11.
④ Русское культурное пространство: Лингвокультурологический словарь. Под ред. И. С. Брилевой [Z]. М.: Гнозис, 2004:10—11.

第六章
"记忆空间"

族文化空间理论,我们尝试以过去信息的承载者(主体)为标准来划分记忆空间。记忆主体可分为"个体记忆""集体记忆"与"民族记忆",相应地,"记忆空间"可以分为"个体记忆空间""集体记忆空间"以及"民族记忆空间"。结合上文所指出的文化是一种民族历史记忆,有理由认为,"民族记忆空间"带有民族文化标记。比如说,仅被个人所知的事件存在于该个人的"个体记忆空间"中;被家庭成员所共知的某事件,只存在于该家庭的"集体记忆空间"中;"孟姜女哭长城""花木兰"存在于汉族的"民族记忆空间"中。

(一)个体记忆空间

个体记忆空间的覆盖范围最大,因为个体记忆空间内的知识可能包括多个集体内部的知识,这是由个体多重的社会角色所决定的。除此之外,即使是集体记忆与民族记忆也不能离开个人记忆、个人经验而存在。广义来说,个体为个体记忆、集体记忆与民族记忆最小的承载单位。

Ян Ассман 认为,"人的记忆只出现在其社会化的过程中。虽然只有单独的个人'拥有'记忆,但是该记忆也是由集体形成"[①]。他认为任何记忆类型都离不开集体,离不开与他人的交际行为。而我们基于以下两点原因并不完全认同该观点,认为该论断过于绝对化,也容易将个人记忆与集体记忆混为一谈。第一,某些仅为个体所知的过去经验,在不与他人共享的情况下,该信息仅保留在个体记忆之中。第二,正如上文中我们所得的结论,记忆的内容可能是某情感本身或是个体在回忆过去信息时产生的某种情感(参见观念场"ПАМЯТЬ"中成员"эмоция"),他们都仅发生在个体意识中。如果论交际类型,这两种情况只能属于"我—我"型交际,即"диалог между собой или диалог между двумя 'Я'"(参见观念场"ПАМЯТЬ"中成员"Я")。举例说明:

(1) *Когда увидела тапочки, которые нужно обувать при входе, вспомнила — я здесь была.* (М. Трауб)

当我看到入口处需要穿上的拖鞋,我才想起来我曾经来过这。

[①] Ассман Ян Культурная память: Письмо, память о прошлом и политическая идентичность в высоких культурах древности [M]. М.: Языки славянской культуры, 2004:36.

(2)《Показалось, —— подумала Марина и вдруг вспомнила: —— **Я же дверь оставила открытой**, может чужой войти》. (Л. Дворецкий)

玛利亚想了想并突然想起:"好像,我忘了锁门,其他人可能会进去。"

例句(1)中的回忆内容"我曾经来过这",与例句(2)中的回忆内容"我忘了锁门"均为个人过去独自的行为,而并非在社会集体中的交际行为。

虽然个体记忆空间具有一定的界限范围,但属于民族记忆之外的那一部分可以随着个人知识经验的增加或因进入更多的社会团体而扩大。正如我们上文中指出,忘记(参见观念场"ПАМЯТЬ"中成员"забыть")并不等于"无",忘记也属于记忆的一种形式,所以某过去信息一旦进入个人记忆中,无论是属于个人的过去知识,还是属于某一团体的集体经验,它都会保存在个体记忆空间中。因此,个体记忆空间的范围不会随着某些信息的暂时遗忘而缩小,而是会不断扩大,只不过其内部的知识或呈显性,或呈隐性。个体记忆空间内呈显性的成员即为"记得的过去信息";个体记忆空间内呈隐性的成员即为"忘记的过去信息",它们在某一刻可能会复现(参见观念场"ПАМЯТЬ"中成员"вспоминать"与"напоминать")。

(二)集体记忆空间

Ян Ассман 认为,记忆是"多层级的信息系统,不仅个体记忆(индивидуальная память)现象进入该系统结构,超个体记忆(надындивидуальная память)结构也进入该系统"[1]。我们认为超个体记忆即为集体记忆与民族记忆。

法国社会学家 Морис Хальбвакс 于 20 世纪 20 年代在 Ян Ассман "文化记忆"的理论基础上首次提出了"集体记忆"(коллективная память)的概念。Морис Хальбвакс 所有研究的核心为记忆的社会决定性,他认为"记忆不可能存在于一定的指标范围之外,社会中的人为了固定及保留自己的回忆而依靠该指标范围","任何记忆都具有社会性,任何记忆都由集体决定,

---

[1] Макаров А. И. Образ другого как образ памяти (методологические аспекты проблемы репрезентации прошлого)[J]. Диалог со временем, 2007(18):11.

第六章 "记忆空间"

没有集体人就无法构建有逻辑的记忆"①。根据他的观点,个人记忆不能离开其所在的社会集体而存在,集体记忆是个人记忆的基石。

针对 Морис Хальбвакс 的观点,我们认为,集体记忆对个体记忆确实有着极大的影响力,集体记忆信息将进入个体记忆空间中。除此之外,个体是集体记忆的承载者,正如,Ян Ассман 曾指出,"各个集体不'拥有'记忆,但是决定了自身成员的记忆"②。但不能就此绝对地认为,没有集体记忆个体记忆就无法建立。

在符号学的研究中集体记忆被看作文化空间,被看作"某一共同记忆的空间,即在该空间范围内某些共同的篇章可以被保存下来并具有现实意义"③。文化就是集体心智与集体记忆,即保存、传递某些信息(篇章)与处理新信息的超个体机制。就这个意义来说,文化空间可以被确定为某种共同记忆空间。④ 换而言之,鉴于 Ю. М. Лотман 认为文化就是集体记忆的观点,有理由认为,他所理解的集体记忆为广义上的集体记忆,包含了我们所说的某民族内部社会团体的集体记忆外,还包含我们所说的民族记忆。

除此以外,也有的学者认为,集体记忆无法独立于与他人的交际而存在,因而,将集体记忆等同于 Ян Ассман 所提出的交际记忆。

有的学者完全否定集体记忆的存在,如 Сьюзен Зонтаг 认为集体记忆不是记忆,也不是回忆,而是集体公约、社会常规、集体协定。对此观点我们并不赞同,因为无论是集体公约、常规,还是协定,均属人为制定,这完全

---

① Ассман Ян Культурная память: Письмо, память о прошлом и политическая идентичность в высоких культурах древности [M]. М.: Языки славянской культуры, 2004:36.

② Ассман Ян Культурная память: Письмо, память о прошлом и политическая идентичность в высоких культурах древности [M]. М.: Языки славянской культуры, 2004:36.

③ Лотман Ю. М. Память в культурологическом освещении [C] // Лотман Ю. М. Семиосфера. СПб.: Искусство-СПб, 2000:673.

④ Лотман Ю. М. Память в культурологическом освещении [C] // Лотман Ю. М. Статьи по семиотике и топологии культуры: Т. 1. Таллинн: Александра, 1992:200.

与记忆的内在属性不符。记忆存在于人的意识中,具有抽象性,并面向人过去的经验,并不由人的主观意志所决定。

Хальбвакс 在谈及集体记忆时,说道,"集体记忆面向过去,也面向将来,每一个文化如同过去社会阶层与现在之间的链环"①,这与我们上文中论述的记忆与过去、现在的关系相一致(详见观念场"ПАМЯТЬ"的成素"прошлое")。

综上所述,我们认为,集体记忆是民族内部某社会团体成员所独有的共同记忆。集体记忆可根据其承载者所属的社会范围单位再分为若干亚组,如家庭记忆、班级记忆等。不同的集体记忆之间可能会出现重叠。集体记忆内容进入个体记忆空间,并以个体为其承载者。

(三)民族记忆空间

Ян Ассман 认为在文化记忆理论的框架内以下四个概念的组合形成一个场:形成传统(складывание традиции)、回顾过去(обращение к прошлому)、文字文化(письменная культура)、形成认同(складывание идентичности)。② 若处于民族视域下,"传统的形成"可以看作一个民族的文化,"回顾过去"即为回忆,"文字文化"即为民族文字,"形成认同"具体指的是受历史记忆制约的民族文化自我认同。Ян Ассман 在《Культурная память: Письмо, память о прошлом и политическая идентичность в высоких культурах древности》中也着重强调了过去的记忆在构建文化自我认同中的重要作用。

对于人类存在而言,文化生态学的重要性并不轻于自然生态学。因此,在集体记忆中对传统进行文化化并将其保存下来,这是人类得以延续的必要条件。③ 该观点中的集体记忆,实质上,并不是指向某一民族内部的

---

①Хальбвакс М. Социальные рамки памяти [M]. М.:Новое издательство, 2007:264.

②Ассман Ян Культурная память: Письмо, память о прошлом и политическая идентичность в высоких культурах древности [M]. М.:Языки славянской культуры, 2004:326.

③Карпенко С. М. Концепт «память» в поэтической картине мира Н. С. Гумилева и А. А. Ахматовой:сопоставительный аспект [J]. Вестник ТГПУ, 2014(9):47.

某社会团体,而是指向我们所说的民族记忆。

根据 Алейда Ассман 的观点,口头文化与文字文化中所创建的符号手段除了是为了积累与再现某社会所必需的知识外,还旨在形成与保存该社会的文化认同。① 正如 Леонтовия О. А. 所言,文化认同(культурная идентичность)在跨文化交际中具有特殊意义,是自我意识的象征,其中包括世界形象、价值体系、个体所属团体的心智。② 关于记忆与文化自我认同的关系,我们在上文论述观念场"ПАМЯТЬ"的成员"свои"时,已有论及。总的来说,从记忆角度来说,文化自我认同(культурная самоидентичность)是某个体"Я"以其所属民族的共有记忆为准绳,将自身归属为某"свои"成员的过程。

民族记忆即为一个民族文化共同体成员的共有记忆,一个民族的历史构成了该民族记忆的主要部分。民族记忆专属于民族文化共同体成员(详见观念场"ПАМЯТЬ"的成员"свои"),共同的情感(详见观念场"ПАМЯТЬ"成员"эмоция")反应也是民族记忆的重要指标。

无论是个人记忆、集体记忆还是民族记忆,记忆最终都会影响到其承载者的价值观(ценности),引导其思维及行为定型。

值得一提的是,民族记忆空间内的知识可能被其他民族文化共同体成员所获知,但该知识不可能进入其他民族记忆空间内。民族记忆空间内的某知识之所以得以保存下来并成为民族自我认同的标尺,是因为它在不同民族共同体中引起的情感反应有所差异。换句话说,过去知识(语言文化场"ПАМЯТЬ"中的成员"прошлое""знания")能成为某民族记忆空间内成员的标准即为共同的情感(语言文化场"ПАМЯТЬ"中的成员"эмоция")反应,而共同的情感反应也是民族自我认同(语言文化场"ПАМЯТЬ"中的成员"свои")的重要指标。比如,"南京大屠杀"这一过去历史知识众所周知,但在我们汉民族成员中与日本文化共同体成员中所引起的不同情感反应

---

① Ассман А. Длинная тень прошлого: Мемориальная культура и историческая политика пер. с нем. [M]. М.: Новое литературное обозрение, 2014:52.

② Леонтович О. А. Русские и американцы: парадоксы межкультурного общения [M]. М.: Гнозис, 2005:144.

决定了它不会同时存在于同一民族文化记忆之中。

民族记忆空间的内容不需要某个体多次有意识地重复回忆,也不需要每一代人重新构建,它具有长期的稳定性,一代代留存,处于民族集体无意识之中。民族记忆是民族自我认同的基础,直接影响民族价值观、民族性格、民族心智,民族文化亦产生于民族记忆。民族记忆空间是民族文化空间形成的前提准备,因为民族记忆空间之所以是民族文化共同体成员的共同知识,正是由于这些共同知识是形成民族文化空间的基础。

记忆空间的存在不仅影响自我认同与民族文化自我认同,也为跨文化交际障碍与文化空缺现象提供了一种全新的阐释视角。

本章仅对记忆空间的存在以及记忆空间的划分提出了初步设想,在今后的研究中,无论是理论上,还是实践上,仍需进一步加以论证与充实。

结　语

本书在"语言相对论"假说、"人类中心论"范式、"语言世界图景""语言个性理论"等理论的基础上，运用观念场分析方法（而非某个"观念"的孤立分析）研究了俄语语言世界图景中的观念场"ПАМЯТЬ"。该场同名内核观念"память"的语义特征为"保存在意识中印象与经验的总和"。根据语义特征、联想关系、使用频率、鲜明程度等因素，明晰了观念场"ПАМЯТЬ"的结构（内核、中心区域成员、近外围区域成员以及远外围区域成员），并简要说明了场内成员的语言表征。鉴于考察文学篇章中的观念场是确定作者语言个性的一种途径，我们分析了布宁小说中观念场"ПАМЯТЬ"的特点及表征，进而得知了观念场"ПАМЯТЬ"远外围区域中的补充成素（целый образ 与某些时间副词等）。

根据我们的研究成果，俄语语言世界图景中观念场"ПАМЯТЬ"的结构如下图示：

- 内核／中心 → память
- 近外围 → помнить, вспоминать, забывать
- → напоминать, прошлое, знания, я, свои, пространство, эмоция
- 远外围 → памятник, праздник 等，作者语言个性中所表现出来的成素（如 целый образ，某些时间副词等）

上述中心区域成员、近外围区域成员与远外围区域成员均通过它们的上义大观念——память 进入俄罗斯民族观念域的核心。鉴于观念及观念场具有开放性与运动性，观念场"ПАМЯТЬ"内观念与观念之间、本观念场与观念域内的其他观念场之间可能存在着重合之处。

俄语语言世界图景中的观念场 "ПАМЯТЬ"

本书从记忆的内容上说明了俄罗斯语言意识中观念场"ПАМЯТЬ"的独特性：俄罗斯民族记忆的主要成素是 добро, правда, дружба 等宝贵的道德价值；情感内容上，有积极情感，亦有消极情感，其中"любовь"占有特殊地位。

另外，本书通过语料分析获知了记忆的格式塔（记忆——人；记忆——火；记忆——画面；记忆——水；记忆——食物），以及由此体现出的俄罗斯民族语言共同体成员的认知特点。

本书的最后一章在观念场"ПАМЯТЬ"结构成素的研究成果基础上，提出了"记忆空间"存在的可能。区别于 Ян Ассман 与 П. Рикер 对记忆的划分，结合认知空间与民族文化空间理论，以过去信息的承载者（即主体）为界限标准，将记忆空间划分为"个体记忆空间""集体记忆空间"以及"民族记忆空间"。下面我们将观念场"ПАМЯТЬ"的结构成素与三种记忆空间的关系图示如下：

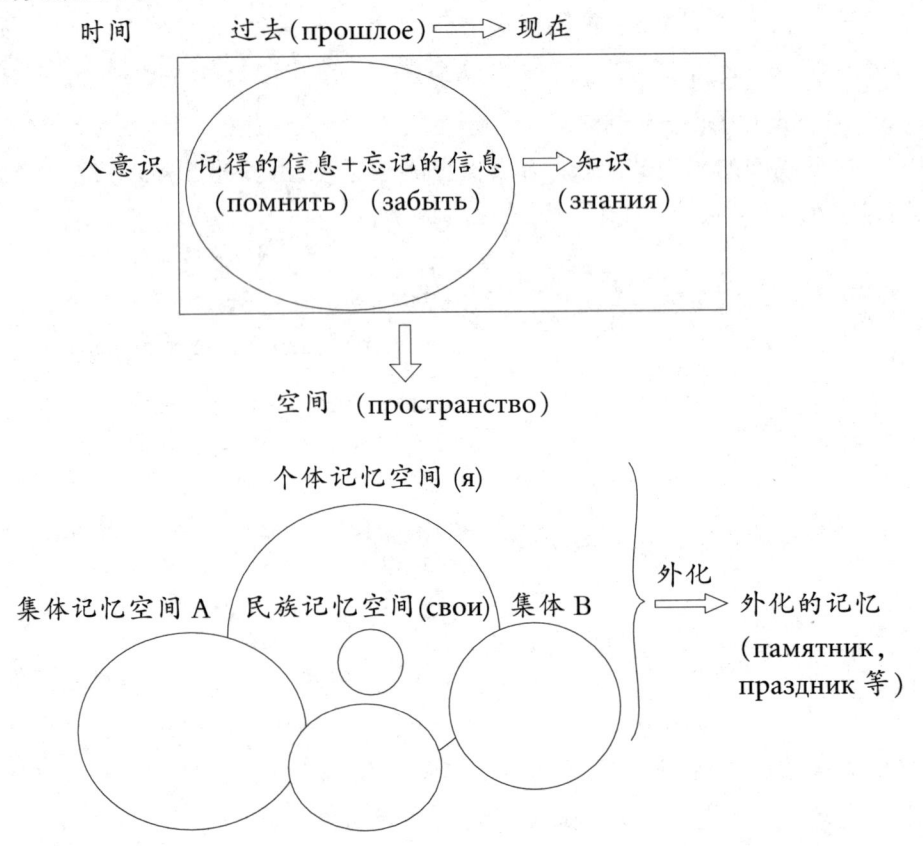

时间　　过去（прошлое）⟹ 现在

人意识｜记得的信息 + 忘记的信息 ⟹ 知识
　　　　（помнить）（забыть）　　　（знания）

⟹ 空间 （пространство）

个体记忆空间 (я)

集体记忆空间 A　民族记忆空间 (свои)　集体 B

外化 ⟹ 外化的记忆（памятник, праздник 等）

结 语

　　本书最后一章关于"记忆空间"的论述现只停留在设想层面,需要在以后的研究中给予进一步的证实与理论上的丰富。限于笔者的学术水平,本书难免有所疏忽或谬误的地方,恳请各位专家、教授给予宝贵的建议与意见,不吝批评指正。

参考文献

［1］Абрамов Н. А. Словарь русских синонимов и сходных по смыслу выражений［Z］. М. ：Русские словари，1999.

［2］Александрова З. Е. Словарь синонимов русского языка［Z］. М. ：Рус. яз.，2001.

［3］Алексеев А. П.，Васильев Г. Г. Краткий философский словарь：2-е изд.［Z］. М. ：РГ-Пресс，2012.

［4］Аристова Т. С.，Ковшова М. Л.，Рысева Е. А.，и др. Словарь образных выражений русского языка под ред. В. Н. Телия［Z］. М. ：Отечество，1995.

［5］Арутюнова Н. Д. Введение［C］// Арутюнова Н. Д. Логический анализ языка：Ментальные действия. М. ：Наука，1993：3—7.

［6］Ассман А. Длинная тень прошлого：Мемориальная культура и историческая политика пер. с нем.［M］. М. ：Новое литературное обозрение，2014.

［7］Ассман Ян Культурная память：Письмо，память о прошлом и политическая идентичность в высоких культурах древности［M］. М. ：Языки славянской культуры，2004.

［8］Баранова З. И.，Котов А. В. Русско-китайский словарь：Ок. 40 000 слов［Z］. М. ：Рус. яз.，1990.

［9］Беляевская Е. Г. Семантическая структура слова в номинативном и коммуникативном аспектах（Когнитивные основания формирования и функционирования семантической структуры слова）［D］. М. ：МГЛУ，1992.

［10］Большой толковый словарь русского языка под ред. Кузнецова С. А. ［Z］. СПб. : Норинт, 2000.

［11］Брагина Н. Г. Память в языке и культуре ［M］. М. : Языки славянских культур, 2007.

［12］Буянова Л. Ю., Нечай Ю. П. Эмотивность и эмоциогенность языка: механизмы экспликации и концептуализации ［M］. М. : ФЛИНТА · НАУКА, 2016.

［13］Васильев Л. М. Теория семантических полей ［J］. Вопросы языкознания, 1971(5): 105—113.

［14］Введенская Л. А. Словарь антонимов русского языка ［Z］. Ростов-на-Дону: Феникс, 1995.

［15］Вежбицкая А. Понимание культур через посредство ключевых слов ［M］. М. : Языки русской культуры, 2001.

［16］Воркачев С. Г. Концепт как «зонтиковый термин» ［C］// Воркачев С. Г. Язык, сознание, коммуникация. М. : ООО "МАКС Пресс", 2003: 5—12.

［17］Воркачев С. Г. Любовь как лингвокультурный концепт ［M］. М. : «Гнозис», 2007.

［18］Галиева Д. А. Концептуальное поле "Право и Закон" как основа учебного идеографического профессионально ориентированного словаря ［D］. Уфа: Башк. гос. ун-т, 2000.

［19］Герц Г. Принципы механики, изложенные в новой связи. Жизнь науки. Антология вступлений к классическому естествознанию ［M］. М. : Наука, 1973.

［20］Даль В. И. Толковый словарь живого великорусского языка: В 4 т. Т. 1 ［M］. М. : РИПОЛ классик, 2006.

［21］Даль В. И. Толковый словарь живого великорусского языка: В 4 т. Т. 2 ［M］. М. : РИПОЛ классик, 2006.

［22］Даль В. И. Толковый словарь живого великорусского языка: В 4 т. Т. 3 ［M］. М. : РИПОЛ классик, 2006.

[23] Евсюкова Т. В., Бутенко Е. Ю. Лингвокультурология: учебник [M]. М.: ФЛИНТА · НАУКА, 2014.

[24] Залевская А. А. Введение в психолингвистику: учебник [M]. М.: Российский государственный гуманитарный университет, 1999.

[25] Зализняк А. А. Концептуализация памяти и забвения в русском языке [C] // Соловьев В. Д. Когнитивные исследования. М.: Институт психологии РАН, 2008: 209—230.

[26] Зализняк А. А., Левонтина И. Б., Шмелев А. Д. Константы и переменные русской языковой картины мира [M]. М.: Языки славянских культур, 2012.

[27] Зализняк А. А., Шмелев А. Д. Компактность vs. рассеяние в метафорическом пространстве русского языка [C] // Зализняк А. А. Ключевые идеи русской языковой картины мира. М.: Языки славянской культуры, 2005: 424—433.

[28] Зыкова И. В. Концептосфера культуры и фразеология: Теория и методы лингвокультурологического изучения [M]. М.: ЛЕНАНД, 2015.

[29] Карасик В. И., Прохвачева О. Г., Зубкова Я. В., Грабарова Э. В. Иная ментальность [M]. М.: Гнозис, 2005.

[30] Карасик В. И. Языковой круг: личность, концепты, дискурс [M]. Волгоград: Перемена, 2002.

[31] Караулов Ю. Н. Общая и русская идеография [M]. М.: Наука, 1976.

[32] Караулов Ю. Н. Русская языковая личность и задачи ее изучения [C] // Шмелев Д. Н. Язык и личность: сб. статей. М.: Наука, 1989: 3—8.

[33] Карпенко С. М. Концепт «память» в поэтической картине мира Н. С. Гумилева и А. А. Ахматовой: сопоставительный аспект [J]. Вестник ТГПУ, 2014(9): 47—53.

[34] Клюева В. Н. Краткий словарь синонимов русского языка [M]. М.: Учпедгиз, 1956.

[35] Ключевская А. Ю. Концептуальное поле «агрессия» как объект

лингвистического исследования [J]. Известия Российского государственного педагогического университета им. А. И. Герцена, 2011(131):177—185.

[36] Когнитивная психология под ред. В. Н. Дружинина, Д. В. Ушакова [M]. М.:Пер Сэ, 2002.

[37] Кошарная С. А. Национально-языковая личность как комплекс стереотипов [C] // Кошарная С. А. Славянские чтения-2006: сб. материалов обл. конкурса-фестиваля и науч. чтений. Ст. Оскол:Старооскол. фил. БелГУ, 2006:16—21.

[38] Кравченко А. В. Знак, значение, знание: Очерк когнитивной философии яз. [M]. Иркутск:Издание ОГУП «Иркутская обл. типография № 1», 2001.

[39] Красных В. В. Виртуальная реальность или реальная виртуальность [M]. М.:Диалог-МГУ, 1998.

[40] Красных В. В. Когнитивная подсистема лингвокультуры: возможные пути исследования [J]. Язык, сознание, коммуникация, 2012(45):4—38.

[41] Красных В. В. Основы психолингвистики: изд. 2-е, дополненное [M]. М.:Гнозис, 2012.

[42] Красных В. В. «Свой» среди «чужих»: миф или реальность? [M]. М.:ИТДГК «Гнозис», 2003.

[43] Краткий словарь когнитивных терминов под общей ред. Е. С. Кубряковой [Z]. М.:Издательство Московского ун-та, 1996.

[44]Краткий словарь когнитивных терминов под общей ред. Е. С. Кубряковой [Z]. М.:Филол. ф-т МГУ им. М. В. Ломоносова, 1997.

[45] Крылова М. Н. Динамика средств выражения категории сравнения в области грамматики: лингвокультурологический аспект [J]. Язык и культура, 2013(3):56—63.

[46] Крючкова Н. В. Роль референции и коммуникации в концептообразовании и исследовании концептов (на материале русского, английского, французского языков)[D]. Саратов:Саратовский государственный университет, 2009.

［47］Кубрякова Е. С. , Демьянков В. З. , Панкрац Ю. Г. , Лузина Л. Г. Краткий словарь когнитивных терминов [Z]. М. :Филол. ф-т МГУ им. М. В. Ломоносова , 1996.

［48］Кубрякова Е. С. Смена парадигм знания в лингвистике XX века [C] // Кубрякова Е. С. Лингвистика на исходе XX века: Итоги и перспективы. Тезисы междунар. конф. Т. I. М. :Изд-во МГУ , 1995:278—280.

［49］Кубрякова Е. С. Эволюция лингвистических идей во второй половине XX века (опыт парадигмального анализа)[M] // Чурилина Л. Н. Актуальные проблемы современной лингвистики: учебное пособие. М. : Флинта • Наука , 2008:46—59.

［50］Кубрякова Е. С. Язык и знание. На пути получения знаний о языке: части речи с когнитивной точки зрения. Роль языка в познании мира [M]. М. :Языки славянской культуры , 2004.

［51］Кубрякова Е. С. Язык пространства и пространство (к постановке проблемы)[J]. Известия РАН. Серия лит-ры и языка , 1997(3):22—31.

［52］Лакофф Д. Ж. , Джонсон М. Метафоры , которыми мы живем Пер. с англ. Под ред. и с предисл. А. Н. Баранова [M]. М. :ЛКИ , 2008.

［53］Лебедева М. Ю. Концептуальное поле "Детство" и его репрезентация в русском языке [D]. М. :Государственный институт русского языка , 2013.

［54］Леонтович О. А. Русские и американцы: парадоксы межкультурного общения [M]. М. :Гнозис , 2005.

［55］Лихачев Д. С. Концептосфера русского языка [J]. Известия РАН. Серия литературы и языка , 1993(1):3-9.

［56］Лихачев Д. С. Письма о добром и прекрасном [M]. М. : Дет. лит. , 1989.

［57］Арутюнова Н. Д. , Янко Т. Е. Логический анализ языка. Культурные концепты [M]. М. :Наука , 1991.

［58］Лотман Ю. М. Память в культурологическом освещении [C] // Лотман Ю. М. Статьи по семиотике и топологии культуры: Т. 1. Таллинн:

Александра, 1992:200—202.

[59] Лотман Ю. М. Память в культурологическом освещении [C] // Лотман Ю. М. Семиосфера. СПб. :Искусство-СПб, 2000:673—676.

[60] Макаров А. И. Образ другого как образ памяти (методологические аспекты проблемы репрезентации прошлого)[J]. Диалог со временем, 2007(18): 6—18.

[61] Маслова В. А. Введение в когнитивную лингвистику [M]. M. : Флинта • Наука, 2011.

[62] Маслова В. А. Когнитивная лингвистика:учеб. пособие [M]. Минск: ТетраСистемс, 2008.

[63] Маслова В. А. Лингвокультурология:Учеб. пособие для студ. высш. учеб. заведений [M]. M. :Издательский центр « Академия», 2001.

[64] Муфазалова Л. С. Концепт память в русской языковой картине мира [J]. Вестник ИрГТУ, 2014 (9):324—327.

[65]Ожегов С. И., Шведова Н. Ю. Толковый словарь русского языка: 80 000 слов и фразеологических выражений [Z]. M. :А ТЕМП, 2006.

[66] Пименова М. В., Кондратьева О. Н. Концептуальные исследования: Введение [M]. M. :Флинта • Наука, 2011.

[67] Пименова М. В. Образные и символические признаки луны в русской концептосфере [C] // Пименова М. В. Концепт и культура: Материалы III Международной конференции. Кемерово:Кузбассвузиздат, 2008:294—303.

[68] Попова З. Д., Стернин И. А. Когнитивная лингвистика [M]. M. :ACT:Восток-Запад, 2007.

[69] Попова З. Д., Стернин И. А. Когнитивная лингвистика [M]. M. :ACT:Восток-Запад, 2010.

[70] Постовалова В. И. Картина мира в жизнедеятельности человека [C] // Постовалова В. И. Роль человеческого фактора в языке. Язык и картина мира. M. :Наука, 1988:4—37.

[71] Постовалова В. И. Лингвокультурология в свете антропологической

парадигмы [C]// Постовалова В. И. Фразеология в контексте культуры. М. : Языки русской культуры, 1999:25—33.

[72] Постовалова В. И. Наука о языке в свете идеала цельного знания: В поисках интегральных парадигм [M]. М. :ЛЕНАНД, 2016.

[73] Приходько А. Н. Концепты и концептосистемы [M]. Днепропетровск: Белая Е. А., 2013.

[74] Прохоров Ю. Е. В поисках концепта [M]. М. :Флинта • Наука, 2009.

[75] Ревзина О. Г. Память и язык [J]. Критика и семиотика, 2006 (10):10—24.

[76] Руднев Е. Н. Концептуальное поле "дом" в романе А. И. Эртеля "Гарденины" [D]. Калининград: Рос. гос. ун-т им. Иммануила Канта, 2009.

[77] Русские пословицы и поговорки. Под ред. В. П. Аникина [Z]. М. :Художественная литература, 1988.

[78] Русский идеографический словарь: Мир человека и человек в окружающем его мире (80 концептов, относящихся к духовной, ментальной и материальной сферам жизни человека). Под отв. ред. Н. Ю. Шведовой [Z]. М. :Азбуковник, 2011.

[79] Русский семантический словарь. Толковый словарь, систематизированный по классам слов и значений. Под общей ред. Н. Ю. Шведовой: Т. II [Z]. М. :РАН. Ин-т рус. Яз., 2002.

[80] Русский семантический словарь. Толковый словарь, систематизированный по классам слов и значений. Под общей ред. Н. Ю. Шведовой: Т. III[Z]. М. : Азбуковник, 1998.

[81]Русский семантический словарь. Толковый словарь, систематизированный по классам слов и значений. Под общей ред. Н. Ю. Шведовой: Т. IV [Z]. М. : Азбуковник, 1998.

[82] Русское культурное пространство: Лингвокультурологический словарь. Под ред. И. С. Брилевой [Z]. М. :Гнозис, 2004.

［83］Сепир Э. Избранные труды по языкознанию и культурологии ［M］. М. ：Прогресс：Универс , 1993.

［84］Славянский ассоциативный словарь：русский , белорусский , болгарский , украинский. Под ред. Уфимцевой Н. В. ［Z］. М. ：Институт Языкознания РАН , 2004.

［85］Слепнева М. И. Концептуальное поле vertu в "Опытах" Мишеля де Монтеня ［D］. Санкт-Петербург：Санкт-Петербургский государственный университет , 2008.

［86］Словарь синонимов русского языка. Под ред. А. П. Евгеньевой：в 2 т. ［Z］. Л. ：Наука , Ленинградское отделение , 1970.

［87］Словарь синонимов русского языка. Под руководством Ю. Д. Апресяна：Второе издание ［Z］. М. ：Школа « ЯЗЫКИ СЛАВЯНСКОЙ КУЛЬТУРЫ », 2003.

［88］Словарь современного китайского языка. Под руководством Комнаты редактирования словарей Института языков Китайской академии общественных наук：6-е изд. ［Z］. Пекин：Деловая пресса , 2012.

［89］Сорокин Ю. А. Прецедентный текст как способ фиксации языкового сознания ［C］ // Василевич А. П. и др. Язык и сознание：парадоксальная рациональность. М. ：Институт Языкознания РАН , 1993：98—117.

［90］Степанов Ю. С. Константы：словарь русской культуры ［M］. М. ：Языки русской культуры , 2004.

［91］Степанов Ю. С. Константы. Словарь русской культуры. Опыт исследования ［M］. М. ：Школа « Языки русской культуры », 1997.

［92］Степанов Ю. С. Концепты. Тонкая пленка цивилизации ［M］. М. ：Языки славянской культуры , 2007.

［93］Сулиман Эльтайеб Эльзейн Эльтайеб Русское концептуальное поле ВЕРА（на фоне арабо-мусульманской лингвокультуры）［D］. М. ：МГУ , 2013.

［94］Сусов И. П. Языковое общение и лингвистика ［C］ // Прагматические и семантические аспекты синтаксиса. Калинин：КГУ , 1985：3—12.

[95] Талапова Т. А. Концепт "Вера/Неверие" в русской языковой картине мира [D]. Абакан: Хакас. гос. ун-т им. Н. Ф. Катанова, 2009.

[96] Тананина А. В. Концептуальное поле "Любовь" и его представление в иноязычной аудитории [D]. М. : Гос. ин-т рус. яз. им. А. С. Пушкина, 2003.

[97] Тарасова И. А. Категории когнитивной лингвистики в исследовании идиостиля [J]. Вестник СамГУ, 2004(1):163—169.

[98] Тарасова О. Д. Анализ лингвокультурологического поля "эмоции" в сопоставительном аспекте: на материале английского и русского языков [D]. М. : Моск. гос. обл. ун-т, 2009.

[99] Телия В. Н. Метафоризация и ее роль в создании языковой картины мира [C] // Серебренников Б. А. Роль человеческого фактора в языке: Язык и картина мира. М. : Наука, 1988:173—204.

[100] Телия В. Н. Русская фразеология. Семантический, прагматический и лингвокультурологический аспекты [M]. М. : Языки русской культуры, 1996.

[101] Толковый словарь русского языка. Под ред. Д. В. Дмитриева [Z]. М. : Издательство «АСТ/Астрель», 2003.

[102] Фразеологический словарь русского языка. Авторский коллектив: проф. Федосов И. В., канд. ф. н. Лапицкий А. Н. [M]. М. : ЮНВЕС, 2003.

[103] Функенштейн А. Коллективная память и историческое сознание [C] // Лурье И. История и коллективная память. М. : Мосты культуры, 2008:15—40.

[104] Хайдеггер М. Время и бытие. Статьи и выступления [M]. М. : Республика, 1993.

[105] Хальбвакс М. Социальные рамки памяти [M]. М. : Новое издательство, 2007.

[106] Черкасова Г. А., Уфимцева Н. В. Русский региональный ассоциативный словарь-тезаурус Еврас. От стимула к реакции: Т. 1 [Z]. М. : Моск. междунар. академия, 2014.

[107] Черкасова Г. А., Уфимцева Н. В. Русский региональный ассоциативный словарь-тезаурус Еврас. От реакции к стимулу: Т. 2 [Z].

М.：Моск. междунар. академия, 2014.

[108] Чернейко Л. О. Базовые понятия когнитивной лингвистики в их взаимосвязи [C] // Красных В. В., Изотов А. И. Язык, сознание, коммуникация：Вып. 30. М.：МАКС-Пресс, 2005：48—56.

[109] Чернейко Л. О. Лингво-философский анализ абстрактного имени [M]. М.：МГУ им. Ломоносова, 1997.

[110] Чуприкова Н. И. Психика и психические процессы [M]. М.：Языки славянской культуры, 2015.

[111] Шанский Н. М., Иванов В. В., и др. Краткий этимологический словарь русского языка [M]. М.：Просвещение, 1975.

[112] Шанский Н. М., Иванов В. В., Шанская Т. В. Краткий этимологический словарь русского языка под ред. С. Г. Бархударова [M]. М.：Просвещение, 1971.

[113] Шафиков С. Г. Теория семантического поля и компонентной семантики его единиц [M]. Уфа：БашГУ, 1999.

[114] Шейгал Е. И., Арчакова Е. С. Тезаурусные связи и структура концепта [C] // Шейгал Е. И., Арчакова Е. С. Язык, коммуникация и социальная среда. Вып. 2. Воронеж：ВГТУ, 2002：19—24.

[115] Этимологический словарь современного русского языка под ред. А. К. Шапошникова：в 2 Т. [Z]. М.：Флинта・Наука, 2010.

[116] Ярцева В. Н. Лингвистический энциклопедический словарь [M]. М.：Большая Российская энциклопедия, 2002.

[117] 布宁短篇小说选[M].陈馥,译.北京:外语教学与研究出版社,2006.

[118] 刘宏.俄语语言与文化:理论研究与实践探索[M].北京:外语教学与研究出版社,2012.

[119] 刘宏.跨文化交际中的空缺现象与文化观念研究[J].外语与外语教学,2005,196(7):37—41.

[120] 王福祥,吴汉樱.迷你俄语成语词典[Z].北京:外语教学与研究出版社,2014.

[121] 彭文钊,赵亮.语言文化学[M].上海:上海外语教育出版社,2006.

[122] 束定芳."境界"与"概念化"——王国维的诗歌理论与认知语言学中的"概念化"理论[J].外语教学,2016,37(4):1—6.

[123] 温端政.俗语大词典[Z].北京:商务印书馆,2015.

[124] 王寅.认知语言学[M].上海:上海外语教育出版社,2006.

[125] 王寅.认知语言学的"体验性概念化"对翻译主客观性的解释力[J].外语教学与研究,2008,40(3):211—217.

[126] 杨明天.观念的对比分析——以俄汉具有文化意义的部分抽象名词为例[M].上海:上海译文出版社,2009.

[127] 赵爱国.当代俄罗斯人类中心论范式语言学理论研究[M].北京:北京大学出版社,2015.

[128] 赵爱国.语言文化学论纲[M].哈尔滨:黑龙江人民出版社,2006.

[129] 中国社会科学院语言研究所词典编辑室.现代汉语词典:第5版[Z].北京:商务印书馆,2005.

[130] 张建华,等.现代俄汉双解词典[Z].北京:外语教学与研究出版社,1992.